精解

神の詩

聖典バガヴァッド・ギーター

Detailed Explanations of Bhagavad Gita

3

森井啓二

きれい・ねっと

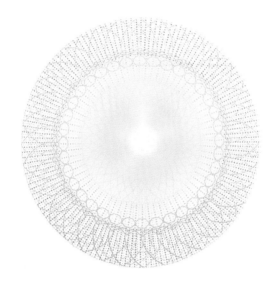

まえがきに代えて
— なぜ聖典を読むのか —

世界中には一億を優に超える書籍が出版されています。

それら膨大な量の本の中に埋もれて、ほんのわずかな数の真理の書が存在します。

一般的な読者が求めているのは、本のタイトルが魅力的で、装丁が美しく、流行に乗った内容で、ベストセラー本や有名な人の書いた本かもしれません。

すべての本には特徴があります。心の琴線に触れるような優れた内容であったり、生活に応用できる実用性があったり、人生に彩を添えてくれる内容であったりして、それぞれ必要な人たちの手元に置かれます。

ただ、これらの本とは別に、生涯に渡り毎日読み込まれ、子や孫へと読み継がれていくような書が存在しています。

私たちは、高次の計らいによって導かれ、または知性と理性、そして崇高な識別心をもって真理の書を見つけ出し、読んで、内観し、実践することによって、輪廻転生を超えて魂と共に持っていける至福を味わうことができます。

一般書は、人が知識や経験を基に書いたもの。

聖典は、時空を超越できる聖仙たちによって、究極の境地から神の叡智を直接下ろされたもの。

見た目は同じ書籍という体裁をとりながら、全く性質の異なるものになります。

一般書は、輪廻転生の中における人生を快適に過ごすために役立ちます。聖典は、輪廻転生から解脱し、自己をより高い境地へと導いてくれる導きになります。

人は、人生を華やかにする多くの書の他に、魂に栄養を与え解脱へと導く真理の書が必要なのです。

人は、欲望を求めることで満ち足りた人生を送ろうとします。でも、世俗的な成功や幸福には、必ず苦悩を伴います。たとえ世界を征服したとしても、苦悩が消えることはありません。

感覚的な快楽は、一時的な喜びの後に、終わることの無い苦悩が追いかけてくるものです。知的な娯楽であっても、永遠に続く幸福をもたらしてくれることはありません。それにもかかわらず、人が外界に幸せを求め続け、欲望を止めようとはしないのはなぜでしょうか。

人は、外界のあらゆる物を探求します。外に向かう時には意識的に、計画的に行動します。山に登る時でも、街に出かける時でも、料理を作る時にでも計画的に行動します。

しかし、自分自身の内的世界に計画的に向かう人はほとんどいません。最も探求する価値が大きく無尽蔵の宝を持った自分自身を後回しにして、意識を外に向け続けています。それは、それほどマーヤ（幻想）と呼ばれる物質世界には誘惑が多いことに加えて、内的世界への正しい導きがないからです。

古代から伝えられている叡智であるヴェーダには、「外界を探求するために多大な時間と労力を費やすよりも、真の自己の探求に尽力する方が良い」と明確に記されています。

なぜなら私たちは、地球という学びの場に入学したのですから、ちゃんと学んで卒業しなければならないのです。

古今東西多くの聖仙たちが残した永遠の至福は、すべてを超越した超意識への達成によって示されているにも関わらず、多くの人がそれを求めようとしないのはなぜでしょうか。

聖仙たちと同じように、すべての人には、あらゆる力と可能性が内在しています。それをほとんどの人は認識していません。人は、無明の中にいながら、それすらも自覚していないのです。

それは無明の中において、欲を満たしていくことが人生の成功と洗脳されているからです。だから外界に快楽や幸福を求め、そのゴールに至福があると勘違いしてしまうのでしょう。

偽りの世界の中で自我を満足させるために人生を費やすのは、地上に下りてきた本来の目的ではありません。偽りの世界の中にあっても真の光を見出して、自我を超えて魂を磨くために、私たちは地上に来ているのです。

「狭い門から入れ。滅びにいたる門は大きく、その道は広い。そして、そこから入って行く者が多い。命にいたる門は狭く、その道は細い。そして、それを見いだす者が少ない」(マタイによる福音書第七章 13-14)

いつの時代にも、無明から解脱して真の至福を見出す道は示されています。聖典もそのうちの一つです。無明・無智とは、自分が純粋な魂としての真我を忘れた状態のことをいいます。

無明のまま生きていると、低次の自己がさらに間違った知識を上乗せしていき、結果的に苦しみを無数に生み出すことになります。無明と欲望と無明に基づく行為は、心の三つの結び目とされ、これが解脱を阻止して人を輪廻転生に縛り付ける原因となっています。聖典には、その三つの結び目を解いて輪廻の束縛から人の魂を解放する役割があります。

聖典に触れた人は、地上に下りてきて忘れてしまった人生の本当の目的を思い出し、自分にとっての最高最善の道を歩み始めることになります。
聖典を学び続けることはこの地上での最高の贅沢です。なぜなら、唯一魂に本当の栄養を与える叡智を供給してくれるからです。

飛行機の操縦席には、操縦桿（かん）の他にも、とてもたくさんの計測機器や操作パネルがあり、それらすべてが快適に空を飛ぶために備えられています。パイロットは、それらのすべての使用法を学び、飛行機を操縦しています。だから、快適な空の旅が可能であり、行きたい目的地に的確に飛んでいくことが出来るのです。
しかし、飛行機も取扱説明書がなければ、はじめて操縦席に座った人は、何をどう操作したらいいのか皆目見当がつきません。飛行機を目的地に飛ばすどころか、離陸することさえできないでしょう。
この宇宙で最高性能を持つ乗り物は、人間の身体です。聖典とは、人間を解脱の境地へと導く取扱説明書となっているのです。

私たちは、自らの真我を見つけるという目的を持って地上に下りてきています。人生とは、真我を見つける旅なのです。旅の目的を忘れたままでは、人生の貴重な時間を無駄に過ごしてしまうことになります。

人は、この人生を智慧と共に有意義に生きることも、無明のままで生きることも選択できます。聖典の存在を知りながら、それを無視し続けることは、とてももったいないことです。

人生では、さまざまな出来事が起こります。その時に、無明の中で生きるのと、叡智と共に生きるのとでは、全く世界が異なっていることがわかるでしょう。人は、苦しみと共に生きるのではなく、喜びと共に生きるべきなのです。

聖典は、たまに読む本ではなく、毎日ほんのわずかな時間であっても読み続けるものです。聖典を学ぶことは、善のカルマを積むことに繋がっています。

ただし、その内容はあまりに深遠で、文字を読むだけではその真意が全く理解できないような書き方がされています。一般的にはサマーディ（瞑想で精神集中が深まりきった状態）に達しないと、深い理解が出来ないものです。それでも、一行ずつ読んでは、書きとめて、内観し、実践して理解していくことは、魂を磨くとても有意義な行為となります。この一連の行為自体が瞑想の一環となるのです。

もちろん、優れた師について学ぶことも最善の方法です。

聖典は、特に夜寝る前に読むことをお勧めします。読むたびに、人の心は清浄になっていきます。そして魂と共に持っていける聖典の叡智は、自己を最高の境地へと導く人生最大の宝となることは明らかなのです。

中でも「バガヴァッド・ギーター」は、地球上すべての本の頂点に在るとも言われています。これはすべての聖典を読むのに匹敵する叡智が、この書に込められていることを意味しています。

ぜひ時間をかけて、探求していただきたいと思います。

もくじ

Prologue

序章

行為において最も重要なこと

第３章は「カルマ・ヨーガ」。

カルマという言葉は、サンスクリット語の「クリ Kri（行う）」に由来しています。すべての行為、すべての働きが、カルマを意味します。呼吸することも、歩くことも、見ることも、聞くことも、すべてがカルマになります。

現在の私たちの状態は、自分の過去の行為の結果として存在しているとするならば、自分の未来は現在の自分の行動によって生み出されることになります。

行為において重要なのは、行為の大きさではなく、行為の動機です。

人は、さまざまな動機によって行動します。お金のため、家族を養うため、権力や名声を得るため、神への信仰のため……。

利己的な動機なしに働くことは、最高の徳とされています。無私の働きが、その人を自由にするからです。でも、それを実践し続けるのは困難です。なぜならば無私の行為に対して、現世での目に見える良い報いはなかなかないからです。

カルマ・ヨーガの究極のお手本となっているのは、釈迦大師です。王子でありながら、富と名誉と権力のすべてを放棄して、生涯あらゆる人々のために奉仕した人物です。

釈迦大師は、「私は、神についての学説を知ろうとは思っていない。魂についての教義などを論じてどうするのか。まずは、善きことをしなさい。そして善良でいなさい。それこそがあなたを自由にして、真理に導く道である」と述べたと言われています。

私たちは一人ひとり、体格も体質も異なり、個性的な能力を持ち、さまざまな考え方や理想を持っています。それらを崇高なものへと向けて行為を行うことが、カルマ・ヨーガでは求められます。

でも、頭では理解しながらも、なかなか実行に移せないのが人間です。楽な方、楽な方へと心が向かいがちになります。

禅に、「即今（そっこん）、当処、自己」という言葉があります。

「即今」いま直ちにやらなければ、いつやるというのか。

「当処」ここでやらなければ、一体どこでできるというのか。

「自己」自分がやらなければ、一体誰がやるというのか。

今ここで生きているということは、自分に課せられた課題を、自分が今置かれた環境において、自分の持てる力を振り絞って行動すること。この瞬間の大切さ、地上に生かしていただいている感謝を忘れないように行動するための言葉です。

この戦争でアルジュナは、最も大きな試練と立ち向かうことになりました。人生でたびたび起こる試練は、人を破滅させるためではなく、魂を磨き、霊性を高め、神に近づいていくために設定されたものです。ただし、試練をもたらしているのは神ではなく、自分自身に内在する高次の領域が作り出しているのです。

「神は、あなた方一人一人に、ある特別な能力をお与えになりました。ですから、その能力を用いて互いに助け合い、与えられた様々な神の恵みを他の人にも分かち合いなさい」(ペテロの手紙第一 4:10)

「知識でも力でもなく、応用するという単純な行為こそが、聖者の智慧です」(エドガー・ケイシー 1318-1)

それでは、第３章「カルマ・ヨーガ」の原文を読むところから、始めていきましょう。

Chapter 3.

第3章

カルマ・ヨーガ

アルジュナ
「クリシュナよ、知識が行動よりも勝れていると考えるなら、なぜあなたは私にこの恐ろしい行動を強いるのか。(1)」
「あなたの錯綜した言葉に、私は困惑しているように思える。私が至福を得るためにたどるべき道を、はっきりと語りたまえ。(2)」

スリー・クリシュナ
「アルジュナ（穢れなき者）よ、この世には二つの道があると、私は初めに述べた。思索を好む者には知識の道（ジュニャーナ・ヨーガ）があり、実践を好む者には行動の道（カルマ・ヨーガ）がある。(3)」

「行動を控えても行動を超越することはできないし、単なる放棄によって完成に達することもない。(4)」

「誰もがプラクリティ（原物質）から生まれたグナ（要素）に否応なく行動させられているので、一瞬といえども行動しないでいられる者はいない。(5)」

「行動器官を抑えても、感覚の対象に思いを寄せている愚か者は、偽善者と呼ばれる。(6)」

「しかし、アルジュナよ、心で感覚を抑え、執着なく、行動器官で行動の道（カルマ･ヨーガ）を実践しようとする者は優れている。(7)」

「汝のなすべきことを行え。行動することは行動しないことよりも優れている。行動しないなら、肉体を維持することもできないだろう。(8)」

「この世は祭祀のための行動以外の行動に束縛されている。だから、アルジュナよ、執着を捨てて、祭祀のためにのみ熱心に行動せよ。(9)」

「はじめに、プラジャーパティ（創造神）は祭祀とともに人類を創造して言った。「これ（祭祀）によって繁殖せよ。これが汝等の願いをかなえる乳牛（カーマドゥック）であらんことを。」(10)」
「これによって神々を慈しめ。そうすれば、神々も汝等を慈しむだろう。互いを慈しんでいれば、汝等は最高の幸せを得るだろう。(11)」
「祭祀によって慈しみを受けた神々は、汝等が望む喜びを授けるだろう。神々を供養しないで神々の恩恵を受ける者は、盗賊に他ならない。(12)」

「祭祀のお下がりを食べる善人は、すべての罪から解放される。しかし、自分達のためだけに料理を作る悪人は、罪を食べる。(13)」

「万物は食物から生まれ、食物は雨から生まれる。雨は祭祀から生まれ、祭祀は行動から生まれる。(14)」

「行動はヴェーダ（ブラフマン）から生まれることを知れ。ヴェーダは不滅の存在から生まれる。だから、遍在するヴェーダはいつも祭祀の中にある。(15)」

「この世でこのように回転する輪（チャクラ）に従わず、罪深い生活を送り、感覚を楽しむ者は、アルジュナよ、空しく生きる。(16)」

「しかし、真我（アートマン）に喜びを見出し、真我に満足し、真我に安心している者に、なすべきことは何もない。(17)」
「彼には、この世で行動して得るものも、行動しないで失うものもない。彼は誰かに何かを期待することもない。(18)」

「だから、執着することなく、常に汝のなすべきことを行え。執着なく行動すれば、人は最高の存在（ブラフマン）に達する。(19)」

「事実、ジャーナカ王（古代の王）達は、行動だけで完成に達した。汝は人々を導くためにも行動すべきである。(20)」

「偉人の行動に他の人々は従う。人々は偉人が示す手本に従う。(21)」

「プリターの子（アルジュナ）よ、三界には私がやり残したことは何もない。得ようとしてまだ得ていないものもない。それでも私は行動している。(22)」

「アルジュナよ、私がたゆまず行動しなければ、人々はことごとく私に従い働かなくなるだろう。(23)」

「私が行動しなければ、全世界が滅ぶだろう。私は四姓制度を混乱させ、人々を滅ぼすだろう。(24)」

「愚かな人々は行動に執着して行動する。そのように、賢者は多くの人々を導くために、執着なく行動すべきである。(25)」

「賢者は行動に執着する愚かな人々の心を惑わせてはならない。賢者は着実に行動することによって、愚か者達があらゆる行動に励むように導くべきである。(26)」

「あらゆる行動はプラクリティ（原物質）のグナ（要素）が行う。我欲に惑わされた者は「私が行為者である」と考える。(27)」

「しかし、アルジュナよ、グナとカルマの性質を知る者は、感覚としてのグナ（肉体）がその対象としてのグナに働いているにすぎないと知って、（行動に）執着しない。(28)」

「プラクリティのグナに惑わされた者は、グナの働きに執着する。完全な知識を持つ者は、不完全な知識を持つ凡人を動揺させてはならない。(29)」

「すべての行動を私に捧げて、真我に意識を集中し、願望を持たず、私のものという意識を持たず、熱情を払って戦え。(30)」

「信仰心に満ち、疑惑を抱かず、常に私のどの教えに従う人々も、行動から解放される。(31)」

「しかし、私の教えに不満を抱いて、これに従わない人々は、すべての知識について迷い、破滅する愚か者であることを知れ。(32)」

「賢者も自己の本性に従って行動する。万物はその本性に従う。制止して何になろうか。(33)」
「感覚はその対象に愛着や嫌悪を感じるものである。この感覚に支配されてはいけない。これは人の敵である。(34)」

「自己の任務を果たすことは、たとえ不完全であっても、他人の任務を行って成功するよりも優れている。自己の任務で死ぬことは幸いである。他人の任務は危険に満ちている。(35)」

アルジュナ
「では、クリシュナよ、人は何にそそのかされて不本意な罪を犯すのか。(36)」

スリー・クリシュナ
「それはラジャスというグナから生まれた欲望であり、怒りである。これは強欲、極悪で、この世の敵であると知れ。(37)」

「火が煙に覆われ、鏡が挨に覆われ、胎児が羊膜に覆われるように、この世はそれ（欲望と怒り）に覆われている。(38)」

「知識はこの飽くなき欲望の火に覆われている。アルジュナよ、これは賢者の永遠の敵である。(39)」

「感覚と心と知性は、その居所であると言われる。それは知恵を覆って、人を惑わす。(40)」

「だから、バラタの最も優れた子孫アルジュナよ、まず感覚を支配し、知識（理論知）と自己実現（悟り：実践知）を破壊しようとする罪深い者を殺せ。(41)」

「感覚は肉体よりも勝れていると言われる。心は感覚よりも勝れている。知性は心よりも勝れている。知性よりも勝れているものがアートマンである。(42)」

「このように、真我は知性よりも勝れていることを知り、大我で小我を抑え、勇士アルジュナよ、欲望という姿をした難敵を殺せ。(43)」

Chapter 3.

第3章
カルマ・ヨーガ　精解

III. atha tṛtīyodhyāyaḥ.

(karmayogaḥ)

arjuna uvāca

jyāyasī cet karmaṇas te matā buddhir janārdana
tat kiṃ karmaṇi ghore māṃ niyojayasi keśava 3.1

vyāmiśreṇeva vākyena buddhiṃ mohayasīva me
tad ekaṃ vada niścitya yena śreyoham āpnuyām 3.2

アルジュナ
「クリシュナよ、知識が行動よりも勝れていると考えるなら、なぜあなたは私にこの恐ろしい行動を強いるのか。(1)」
「あなたの錯綜した言葉に、私は困惑しているように思える。私が至福を得るためにたどるべき道を、はっきりと語りたまえ。(2)」

アルジュナは、今までのクリシュナの深い言葉が完全には理解できずに、困惑した状態となっています。

自分自身が体験したことのない領域を言葉で説明されたときに、完全に理解できる人などいません。ましてや「あなたの錯綜した言葉」と表現している禅問答のような、一見矛盾しているかのような言葉の場合には特に難しいでしょう。日常の思いと言葉と行いによって、一つひとつ時間をかけて理解していくしかありません。

このアルジュナの質問は、アルジュナが第２章の言葉を理解していないからではなく、クリシュナの語る真理の細かい点までを把握した上で、矛盾しているかのような部分についてなされたものです。そして困惑しているのは、まだ語られていない智慧と行動の関係について知らないからです。

このアルジュナの言葉は、この聖典を読んで本当に理解するためには、誰もがしっかりと時間をかけて内観し、実践し、自分の智慧へと変容させていかなければならないことを示しています。

ある師が、「食べなさい、でも食べてはいけない」と言ったとしましょう。文字通りに受け取っただけの弟子であれば、困惑するのではないでしょうか。師が、「食べなさい」と言いながら、「食べてはいけない」と忠告していることを理解できないかもしれません。

師としては、「人によって食べるべき理由は千差万別であり、また食べてはいけない理由も千差万別である。それをよく心して食しなさい」という思いがあったことでしょう。これは、師の教えを深く理解することと、食事をいただくときの心構えを通して感覚器官の制御を学ぶことを意図した言葉なのですが、文字通りの理解では一見矛盾しているようにも思えることでしょう。

ある時、神は、善人ヴィドラに向かって「死になさい」と言いました。そして悪人ドゥシャーサナに向かって「千年も生きなさい」と言いました。これも文字通り読んだだけでは理解し難い言葉になります。

これは善人ヴィドラには、「自我を滅しなさい」という意味であり、悪人ドゥシャーサナには、「千年に渡って地上での苦しみを体験しなさい」という意味なのです。至高の存在である神の行為の真意は、地上の人の制約された思考では見抜きにくいものも多くあります。

「イーシャ・ウパニシャッド」の中には次のような記述があります。

「至高の存在は、歩くが、歩かない。遥か遠くに存在するが、非常に近くに存在している。万物万象の中に内在しているが、万物万象の外側にも存在する」。

これも通常の人間の思考の範囲を遥かに超えた領域が表現されています。水の中にだけ生きている魚にとって、大空を飛ぶ鳥の言葉が理解しがたいのと似ています。

でも、今までの会話とアルジュナの今までのすべての行動から、実は思いもよらない驚くべきことがわかります。この聖典すべてを見通して、よく内観してみてください。その真相は、いずれ明かしましょう。

これ以降第18章まで、クリシュナは、第2章で語った霊性進化の道や感覚の制御、魂の本質などを通して、神との合一までの道のりを、もう一度詳細に語っていきます。

「なぜ私にこの恐ろしい行動を強いるのか」。

人は、自分自身の中に在る邪悪な性質と自ら向き合い、勇気を出して、自力で克服していかなければなりません。なぜなら、どんなに邪悪な性質であっても、自分自身の中に在るものは長い輪廻転生の中において自分自身が作り出したものだからです。

アルジュナの中にある恐怖心は、今言葉で克服すべき試金石となっています。恐怖心や臆病さを勇気に変えることは、憎しみを愛に変えることと同様に、霊的に成長するための試練なのです。

「あなた方が嫌な体験と思っているものが、最高の薬になっていることがあります」（シルバー・バーチ）

自分の行動に責任を持つという因果律については、聖書にも「種まきと刈り取りの法則」として記載されています。

「人は自分のまいたものを、刈り取ることになる」（新約聖書：ガラテヤの信徒への手紙6:7）

「すなわち、自分の肉にまく者は、肉から滅びを刈り取り、霊にまく者は、霊から永遠のいのちを刈り取るであろう」（新約聖書：ガラテヤの信徒への手紙 6-8）

「また言われた、「神の国は、ある人が地に種をまくようなものである。夜昼、寝起きしている間に、種は芽を出して育って行くが、どうしてそうなるのか、その人は知らない。地はおのずから実を結ばせるもので、初めに芽、つぎに穂、つぎに穂の中に豊かな実ができる。実がいると、すぐにかまを入れる。刈入れ時がきたからである」。

また言われた、「神の国を何に比べようか。また、どんな譬で言いあらわそうか。それは一粒のからし種のようなものである。地にまかれる時には、地上のどんな種よりも小さいが、まかれると、成長してどんな野菜よりも大きくなり、大きな枝を張り、その陰に空の鳥が宿るほどになる」。」（マルコによる福音書 4:26-32）

顕在意識の想像をはるかに超える長い輪廻転生の人生の中で、因果律というものは正確に働いています。それは宇宙の法則であり、一人ひとりの真我にも、絶対的道義心ともいえる正確な法則判定装置のようなものが組み込まれています。私たちの身体には、宇宙を創造した力と本質的に同じ霊的原子が宿っているからです。

これを聖書のルカによる福音書第17章21では「神の国は、実にあなたがたのただ中にある」と記しています。

この地上世界でどんなに上手く誤魔化しても、嘘や屁理屈で取り繕っても、偽善をしても、神の摂理である因果律を元にその判定装置によって正確に判定され、本人に正確に反映されます。誰一人、この因果律から逃れることはできません。

「ヨーガ・スートラ」には次のように書かれています。

「カルマは、善行に起因するものは楽果として、悪行に起因するものは苦果として結実する」（第2章14）。

私たちがよく耳にする「自業自得」という言葉も、自分の行いが善いことであれ悪いことであれ、正確に自分の得るものとなって返ってくることを意味しています。

釈迦大師はさらにわかりやすく次の言葉で説明しています。

「善因善果　悪因悪果　自因自果」。

これを真に理解したら、自分がどんな行動をするかは自ずと明らかになります。

ただ、人は、自分の行いに対する結果を早く期待してしまう傾向があります。でも植物でさえ、種子を撒いてから収穫する時期は各々異なります。イチジクやレモンのように早く実がなる果実もあれば、ザクロのようにかなりの年数がかかる果実もあります。

四季を何度も繰り返すうちに実がなっていくように、人では輪廻転生を繰り返すうちに行いに対する果実が収穫できます。

それは人智を超えた正確無比な法則です。

釈迦大師は、「因縁和合」とわかりやすく説いています。あらゆることが因と縁に結びついているという意味です。因が果になるタイミングには縁が関係しているということです。一生懸命に行った行為の結果がまだ実らないとしたら、それはまだ因とつながっている縁が時期ではないということを示しています。すべての行いは、決して無駄になることはありません。

これらのことは、「今」地球の人々がもう一度しっかりと再認識すべき基本的な霊的知識だと思います。

古い制度が次々と崩壊し、同時に古い考え方も崩壊し、大きな混乱と共に新しい風が吹き込まれ、その中で各自の霊性が問われています。

すべてが分離してバラバラになり、混乱するような物質世界に来た理由を思い出してみることです。混乱に翻弄されて無意味に苦しむために来たわけではありません。

こんな混乱の中だからこそ、自分の力を発揮して達成する美しく崇高な目的があったはずです。

クリシュナは、第2章において、「肉体を死なせることも出来るし物質を破壊することもできる。しかし霊的なものは不滅の存在である」と語り、地上の曇った目で物事を判断しないようにアルジュナに注意を促しました。

人の本質が霊的存在であることを理解すると、この地上も自分に内在する霊性をしっかりと発揮すべき環境であるとの認識が生まれてきます。

そうなってまず実行すべきことは、自分の中で育ったすべての悪習、すべての欲望と罪悪、すべての利己的思想といった邪悪な性質の一掃です。

でも、そんな面倒なことがやりたい人はいないでしょう。人は、楽な方、安易な方へと向かえば堕落したままでいられるからです。

でもその堕落した環境こそが、自らの霊的資質を発揮する最適な時期だったことを、この聖典では、かつての聖地が邪悪な性質を持つ100人兄弟に支配され、「今」戦場に代わってしまったことで表現しています。

ここでアルジュナは、最大の試練に向き合っています。でもその戦いに勝たなければなりません。最大の富は、たいてい最も困難な道を辿った末に得られるものです。

自分の霊的態度が問われているアルジュナの背後では、クリシュナが指導者として、また守護者として、しっかりと援護しているのです。

これは私たちについてもいえることです。霊的進化の道を歩んでいる時、高次元の存在たちも自分に内在する真我も、総力をあげて援護しています。

ちなみに、サンスクリット語の原典において、アルジュナはクリシュナのことを最初は「人を悩ます者（ジャナールダナ:ジャナ（人）+アルダナ（悩ます））」と呼び、アルジュナがクリシュナの言葉の理解に苦しむ様子が表現されています。

そして次には、「美しい髪の者（ケーシャヴァ keshava）」と呼んでいます。これは、髪の毛は体のどの部位よりも光に近いことから、クリシュナが霊光の人であることを尊重している表現ということになります。

髪は、エネルギーに関するアンテナの役割も担っています。人間の身体をさかさまに見ると、髪の毛が根、脳脊髄が幹、神経が枝、手足が大枝とした植物体に似ています。ホメオパシーで主に神経系の疾患の治療に有効な「セイヨウオトギリソウ」は、人の神経細胞にとてもよく似ています。

最近になって植物同士が根を通して、お互いに交流していることが科学的にも証明されています。

聖書でも、サムソンがデリラに髪の毛を切られてしまい、自身の怪力を失ってしまうという話によって髪の毛の能力を象徴的に語っています。

ベトナム戦争時に、北米先住民たちを対象にテレパシー実験が行われました。テレパシー能力に優れた者たちを戦場に送り込む時に、他の兵士たちと同様に髪の毛を剃って坊主頭にしたところ、すべての先住民兵士たちのテレパシー能力が消えてしまったという記録があります。

なぜ第1チャクラと第7チャクラの近くには毛が多く残っているのか、また頭の毛と下の毛ではどうして毛の構造が違うのか、体感によって理解してみてください。さまざまなアンテナが独自の周波数を受け取れるように、毛の構造の違いで受け取る情報も違います。だから髪の毛と体毛の構造にも違いがあるのです。

クリシュナは、アルジュナ自身が撒いた種を代わりに刈り取ってあげることはしないものの、アルジュナ自身がしっかりと刈り取れるように導いてくれます。

クリシュナは、宇宙の完璧な法則であり、誰かの代わりに手助けしてくれるわけではありませんが、常に導きの光を放っているのです。

śrībhagavān uvāca
lokesmin dvividhā niṣṭhā purā proktā mayānagha
jñānayogena sāṅkhyānāṃ karmayogena yoginām 3.3

スリー・クリシュナ
「アルジュナ（穢れなき者）よ、この世には二つの道があると、私は初めに述べた。思索を好む者には知識の道（ジュニャーナ・ヨーガ）があり、実践を好む者には行動の道（カルマ・ヨーガ）がある。(3)」

クリシュナは、アルジュナに悟りに至る二つの霊的な道を示しました。

知性を好む人には「智慧の道（サーンキャ・ヨーガ、ジュニャーナ・ヨーガ）」があり、実践を好む人には「行動の道（カルマ・ヨーガ)」があります。

「智慧の道」は、すべての社会的な義務と権利を放棄し、出家者としてカルマを必要最小限にとどめた生活の中で智慧を探求していく道です。

智慧は、すべてをあるがままに観ることによって達成されます。純粋なものを純粋なものとして、真実でないものを真実でないものとして、真実を真実として観ます。

そこでは、「私」というものを徹底して排除し、自分の知識や経験や偏見などのフィルターを一切かけずにすべてを観ることが絶対条件になります。ここが「カルマ・ヨーガ」との最も大きな違いになります。

「行動の道」は、社会の中に在って、義務と権利を正しく行いながら、善行のカルマを積んでいくこと。社会には誘惑も多く、感覚器官を制御して、欲望や行動の成果への期待を放棄することが求められます。

この二つは、お互いに相補的な道となります。「バガヴァッド・ギーター」が説かれた当時としては、この二つの道が主流となっていました。

この二つの道を、身をもって融合して示したのが、数多くの奇跡を行い多くの高名な聖者を輩出させたラヒリ・マハサヤ大師です。

この偉大な師は、普通の人と同じように社会の中で仕事をして生計を立てながら、家庭内でヨーガを行ずるという、智慧の道と行動の道を融合した万人向けの新しい道を確立しました。

この道は、世界中の真理探究者たちに大きな可能性と新しい道標をもたらしました。

大師は、弟子が智慧の道だけを選び出家したいと願う時には、僧侶生活の困難さを諭し、安易にその道に進まないよう警告し、また各弟子の特性を見通して、バクティ・ヨーガ、ラージャ・ヨーガ、カルマ・ヨーガ、ギャーナ・ヨーガなどの中から最適なヨーガの道へと導くことも行いました。

マハサヤ大師は、定期的に週一回のペースで聖典「バガヴァッド・ギーター」を読み解く会を開催し、それは熱心な探究者たちに「ギーター会」と呼ばれるようになりました。

大師は、弟子たちがギーターの内容を熱狂的に議論している様子を見て、

「聖典の叡智、神からの啓示はただ単に読むだけではなく、真に悟ることによって理解できるものだ。すべての疑問は、瞑想によって解決しなさい。神との霊交によって解

決するだろう」と語っています。

こうしてマハサヤ大師は、社会にいて義務を果たしながら、解脱する道を築いていったのです。

人は、社会から受けている恩恵と、社会に対する義務を理解する必要があります。

社会は、人がただ集まるだけの集団ではなく、喜怒哀楽を分かち合いながら、お互いを思いやり、真心を持って社会活動に奉仕することを通して、すべての人の中に内在する真我を認めていく役割があります。社会集団には、無数の誘惑や利己心を増幅させる要因がありますが、崇高な目的を意識できれば、社会的活動は有意義な霊性修行の場となります。

私たちは誰もが真我の探求者です。

智慧を獲得する知性は真理を認識し、行動による勇気は真の愛を認識します。どちらも別々の道ではなく、各自が人生の各ステージにおいて、どちらを優勢にするかという差になります。どれを優勢にするにせよ、大切なことは真我を求める強い意志です。

ヴェーダにおいては、人生のステージを段階に分けています。

第一段階：ブラフマチャーリヤ・アーシュラマ
学びを主体とする時期。人生最初の24年間です。

第二段階：グラハスタ・アーシュラマ
伴侶を選び、家庭を持ち、仕事をして家族を養う時期。

第三段階：ヴァーナプラスタ・アーシュラマ
子供が独立し、夫婦関係は友人関係のようになり充実した活動を行う時期

第四段階：サンニャーサ・アーシュラマ
引退し、すべての義務から解放され、知識の追求に専念できる時期。

これら各時期に適したヨーガがあります。

アルジュナの場合には、知識を追求したいものの、今の自分の立場を放棄することはできません。そこで知識を追求しながら、カルマ・ヨーガを行うことになります。

カルマとカルマ・ヨーガの違いは、崇高な目的意識にあります。カルマは単に「行為をする者」ということになります。一方、アルジュナの場合には解脱したいという強い願いがあるため、その願いに沿って行為を行う場合には、カルマ・ヨーガとなります。すべての行為に神聖さが要求されるからです。

出家をせずに社会で活動しながら霊性を高めていく指針は、仏教の中にも記されています。

「維摩（ゆいま）経」という少し特殊な仏典があります。ほとんどの仏教の経典では、釈迦大師の教えが基本になっていますが、「維摩経」では、ガンジス川中流域の都市ヴァイシャーリーに住む維摩という老人が主となって説法しています。

維摩は、悟りを開くためには出家するという時代に、在家者としての道を選び、見本となった人です。大海のように器が大きく、慈悲深く、何事にも無執着で、煩悩に振り回されることなく、戒律を守り、多くの人に慕われていたことが記述されています。維摩の生き方は、社会で活動する人の指針となるものとして示されています。

釈迦大師の弟子や菩薩たちは維摩の家へ赴き、教えを受けます。そして釈迦大師の元へ帰ってきた時、大師は次のように語ったとされています。「仏道にはさまざまな道がある。人々を香りで導くこともあれば、光で導くこともある。仏の道は多様で限りなく、すべての人に開かれているのだ」。

この経典「維摩経」によって、在家者でも出家者と同じように悟りを開く道が示されました。実は維摩は、この世界で修業を積んだのではないのですが、社会の中で人々が霊性進化する道を、身を持って示したのです。それは、出家しないと解脱できないという当時の固定観念を取り払うことでした。
余談になりますが、この維摩の娘に関する経典「月上女経」は、「竹取物語」の原点といわれています。

神や聖者たちは、人に道を示し導くことはあっても、どの道を歩むのか指定することは絶対にありません。それを決定するのは各自の自由意志に委ねられています。
いずれの道であっても、その目的は直接的な神性を求める体験を通して、実在の中には心が存在しないということを学ぶことにあります。神性が、人間性そのものであることを知るために学ぶのです。

「バガヴァッド・ギーター」原典では、クリシュナは、アルジュナのことを「罪なき者、穢れなき者」と呼んでいます。
これはクリシュナが提示した道を進みやすい状態を示しています。穢れのあるままの状態では、道を進む速度は遅く、穢れのない状態では道を進む速度は速くなります。人の本来の意識の流れは、真我へと向かうものですが、その自然な流れに抵抗しているのは低次の自己だけです。

na karmaṇam anārambhān naiṣkarmyaṃ puruṣośnute
na ca saṃnyasanād eva siddhiṃ samadhigacchati 3.4

「行動を控えても行動を超越することはできないし、単なる放棄によって完成に達することもない。(4)」

私たちは、二つの大きな思考センターを持っています。一つは脳、もう一つは心臓にあります。どちらも肉体的な臓器に隣接した形でエネルギー体として存在していることが、ウパニシャッドに示されています。

脳の思考回路は男性性が優位で、論理的、積極的であり、物質的な探求心も旺盛になります。

心臓の思考回路は女性性が優勢で、直感的、受動的で、包括的であり、精神的な面を大切にします。

そのどちらかが極端に優勢になると、物事を理解して、受け入れ、消化する時に、歪みが生じやすくなります。そのため日常生活の中で日々行動しながら微調整を行い、バランスをとっていくことが大切になります。

心臓の思考回路は優しく直感的です。心臓で発した思いの波動は、血液循環と共に全身にくまなく拡がり、それから肉体の外に放射されて拡がっていき、多くの人に良い影響を与えます。意識的に心臓で考える習慣をつけると、思考の質が代わることが実感できます。

人は、自分の思いを行動に移していくものです。行動の質を決めるのは動機であり、それは意識の在り方と思考の質によって作られます。どこの思考のセンターを優位にするかは、行動に大きく影響していきます。

人は解脱までの長い間に、行動（思い、言葉、行動）によって自らの責任をしっかりと学んでいきます。その中には、自らの存在責任というとても大きく困難な課題も含まれます。

人は自由意志を保つために、行動によって常にカルマが作られるようになっています。カルマのシステムは、魂と心と肉体のバランスを修正して整えるために存在しています。私たちが成長していくためには、行動によって心身の全体のバランスを整えていく必要があるのです。

したがって、行動を控えることによってカルマを減らしても、行動を超えることが出来ないのは明白です。アルジュナが神弓を投げ出したように、何もせずに放棄することは、地上に下りてきた使命を放棄することになってしまいます。

またアルジュナは、この戦争の前に領土も財産もすべてを放棄させられて、12年間にも及ぶ森の中での隠遁生活を強いられてきました。それはあたかも、すべてを放棄した智慧の道を歩んでいるかのように見えますが、実際には智慧の道とは離れたものであったようです。

なぜならば、その貴重な12年の間、アルジュナは失った王国のことや邪悪なドゥルヨーダナの不正義な仕打ちのことなどで頭がいっぱいだったからです。物質的なものをいくら放棄しても、心の思いまで放棄しなければ智慧の道には入ることはできません。このアルジュナの森の中での複数の隠遁生活は、いくつかの状態の内観を示すものです。

それでもアルジュナは、その間にしっかりとした行動の道のための準備を行い、その時からすでに行動の道へと進むことを選んでいたのです。

「行動を超越する」という原文のサンスクリット語は「naiskarmyam」で、これには「無執着行動、無執着活動」という意味もあります。これは、すべての活動が執着の全くない状態で行われることを意味します。

つまり自我がない状態、真我の状態に達したまま行動するということを意味しており、それは行動を控えて達成できるものではありません。これについては第5章で詳述していきます。

「単なる放棄」、例えば出家遁世によって、すべての義務と権利を放棄しても、それだけで解脱に到達できるわけではありません。出家遁世の道を選ぶのであれば、先に必要な義務の履行を修了し、さらに感覚器官の制御が出来なければ、最終目標への到達は難しくなります。

「ヨーガ・ヴァシシュタ」の中で、聖者ヴァシシュタは次のように言っています。

「おお、ラーマ神よ。広大な海も、簡単に干上がることが出来る。巨大なスメール山も、簡単に引っこ抜くことが出来る。どんなに巨大な火事でも、簡単に鎮火することが出来る。それに比べて、心を制御することがどれほど難しいことか」。

「普通の人の思考回路は脳と心臓にあります。神の思考回路は万物の中にあります」（パラマハンサ・ヨガナンダ大師）

「どんな行動も、知っているだけでは十分ではありません。知識をどう活用しているかが問われます。因果律の法則を回避するために知識を活用しているか。人々を導くために知識を活用しているか。法則を理解してもらうために知識を活用しているか」（エドガー・ケイシー 281-31）

「霊的真理を学んだとしても、それを活かすことが全くないのであれば、それは首にかけられた石臼となります」(エドガー・ケイシー 2746-2)

na hi kaścit kṣaṇam api jātu tiṣṭhaty akarmakṛt

kāryatc hy avaśaḥ karma sarvaḥ prakṛtijair guṇaiḥ 3.5

「誰もがプラクリティ（原物質）から生まれたグナ（要素）に否応なく行動させられているので、一瞬といえども行動しないでいられる者はいない。(5)」

まず、用語の意味を確認しておきましょう。

「プラクリティ」とは、サーンキャ哲学で物質世界の根源的物質、または物質原理を意味していますが、根本原質と訳されることが多いです。

サーンキャ哲学では、この世界は、純粋な精神原理であるプルシャと物質原理であるプラクリティの二系統で成り立っていると説明されます。

「グナ」は、サンスクリット語で性質または属性という意味があります。一般的には三種のグナに分類されることが多く、三つのグナとは、「サトヴァ（善性・純性）」、「ラジャス（激性）」、「タマス（鈍性）」の三性質があります。

ここでは人は肉体のみならず、魂の性質が常に活動的なものであることを語っています。それは一瞬たりとも休むことのないものであるため、カルマは常に生成され続けています。宇宙の法則である善因善果、悪因悪果からは逃れることは出来ません。

真我に向かって善い行動に専念すれば、善因善果となります。善因の積み重ねは、魂を浄化していきます。

「ヨーガ・スートラ」第2章16節にも「未来の苦（負のカルマ）は、回避することが出来る。」と明記されています。

幻想世界マーヤに取り込まれて、欲望を動機に行動すれば悪因悪果となります。最初のうちは、子供のような欲望による無明な行為ですが、欲望がエスカレートすれば邪悪へと変化していきます。

無明と邪悪は違うもので、当然邪悪の方が悪因は大きなものとなります。悪因の積み重ねは、魂に物質的な性質を薫習させるために、穢れを付着させていくことになります。

仏陀は、悪因となるものを大きく十の行為に分けて教え、それらから離れるよう警告しています。

身（身体によるもの）：殺生、盗み、邪淫
口（言葉によるもの）：嘘をつく、二枚舌、悪口、有害な噂話
意（心によるもの）：貪欲、他者に有害な思想、邪見

もう一度言いますが、行動とは、思い・言葉・行動のすべてを指します。

腕に蚊が止まり血を吸い始めた時に、心で蚊を叩き潰す思いを持ったとします。それはすでに、実際に蚊を潰す行動と同様の行動となります。

多くの人が思考の力を過小評価しているようですが、思いも言葉も行動もすべて強いエネルギーを有していることは知っておかなければなりません。

真我に向かい善行を行う場合、動機が「人のために自分を役立たせる」というものであれば、それが社会的規範に従っていない行為だとしても、行為者に悪因とはなりません。

一方で、宗教的な儀式を形式的に完璧にこなしていても、そこに真我に向かう心が全くなければ、意味のない行為となってしまいます。

「自分のものを失うことへの恐怖と不安、結果として心の中に残り、新たな切望を引き起こす執着、心を支配する三つのグナの絶えざる相克……、これらを達見する時に、識別在る者にとっては実はあらゆるものが苦である」(ヨーガ・スートラ第2章15)

さらに、パタンジャリ大師はこの地上での「苦」の原因について明確に述べています。

「避けることが出来る苦の原因は、見るもの（プルシャ）と見られるもの（プラクリティ）の結合である」(ヨーガ・スートラ第2章17)

スリ・ユクテスワ大師は、「苦は、無知・利己心・愛着・嫌悪・物質偏重主義という五つの心の病による利己的な行動に起因する」と述べています。

karmendriyāṇi saṃyamya ya āste manasā smaran
indriyārthān vimūḍhātmā mithyācāraḥ sa ucyate 3.6

「行動器官を抑えても、感覚の対象に思いを寄せている愚か者は、偽善者と呼ばれる。(6)」

三種の行動（思い、言葉、行動）が制御できて、はじめて感覚器官を制御できたと言えます。

聖者の真似をして一日中瞑想の姿勢でいても、心が彷徨っていれば、それは形式だけのものでしかないと戒めています。それは、体を動かして行動している人よりも劣る行為となります。

感覚の対象に思いを寄せながら、行動だけ無理に抑制しても、蚊に刺されて痒みがあるのに痒くないフリをしているのと同じで、何の意味もない不自然な行動になります。それでは感覚器官を制御する道からはかけ離れてしまいます。

現代社会がここまで混乱しているのは、あらゆるものを、理解することなく抑圧することが正当化されていることに原因があります。

理解しないまま抑圧することで、解決できることは何もありません。抑圧によって、抑圧した対象の奴隷になるだけです。性欲を理解しないままで性を抑圧した宗教で、性的な問題が多発するのは周知のとおりです。

yas tv indriyāṇi manasā niyamyārabhaterjuna
karmaindriyaiḥ karmayogam asaktaḥ sa viśiṣyate 3.7

「しかし、アルジュナよ、心で感覚を抑え、執着なく、行動器官で行動の道（カルマ・ヨーガ）を実践しようとする者は優れている。(7)」

ほとんどすべての人は、生まれてまもなく言葉を覚え、社会生活を送るうちに頭の中は常に何かを考えている状態になっていきます。すべての人が、あらゆるものを言葉で定義してしまいます。

頭の中が思考の言葉でいっぱいになることが習慣化して、言葉の奴隷になっていきます。思考も言葉で作られたものですから。

見るもの聞くものすべてに対して、自分の知識と経験というフィルターを通してから、判断していくようになります。次第にそのフィルターに偏見や先入観、固定観念が加わり、ますますフィルター効果が強まり、物事をありのままの姿で観るということをいつの間にか忘れてしまいます。

こうなると、日常生活の中でも、休暇中に海辺でリラックスしている時でさえも、頭の中ではいつも何かを考え、妄想は発展し、心が彷徨い続けてしまいます。

そして、ほとんどの人は言葉の奴隷になりながら、言葉を超えたところにあるものを探求しようとしています。

それは、鳥かごから出ないまま、空を飛ぼうとする鳥のようなものです。

大空を見たことがない鳥が、かごから出るのを怖がるように、人は未知のものに恐怖心を持つと、言葉や理論に囚われて安心しようとしてしまうのです。

このように、ほとんどの人は、先入観や偏見や知識、経験というフィルターを使って物事を見ているという事実に目を向けるべきです。それは青空や星空を見るのに、知識や経験という厚い雲を通して空を見ているようなものです。

知識や偏見を通して物事を見ることは、過去に意識を置いていることになります。「今」この瞬間を生きるには、純粋な感覚でなければなりません。

子供の頃は、何を見ても、何をしても、世界が輝いて見えたはずです。それが、大人になると輝きが色あせてくる。

そして、表面的な喜びに代わってしまう。それは人生の中で、多くの知識や経験、概念を身に着けてしまったからです。言葉の世界という表層意識の中に囚われてしまったからです。

言葉を超えた静寂の中に、純粋な感覚があります。

純粋な感覚でいるときには、いつもとは違う精妙なエネルギーが内側から湧いてくるのを感じることができます。

人が一つのことに集中する時、時間も空間も超え、言葉を超える瞬間があります。

その瞬間から始まる静寂な感覚、新鮮なエネルギー、自分の中から湧き出てくる光の感覚。

外側の世界で肉体を使った体験を通して、自分の中にある内在神の領域に入る体験。それを体験すれば、今までの迷いも本当の幸せも、理解できるようになります。

「言葉を超えて、静寂の中に入る」ことを体験から学ぶということは、とても重要なことです。静寂の中では必然的に感覚器官は鎮まり、執着も消え去ります。感覚器官を「鎮める」のではなく、「鎮まる」のです。執着も「消す」のではなく、「消える」のです。

輪廻転生してくるときにすべての記憶を失うのは、この言葉を超えた純粋な感覚を繰り返し学ぶためでもあります。

「心で感覚を抑え、執着なく、行動器官で行動の道（カルマ・ヨーガ）を実践しようとする者」とは、「言葉を超えて、静寂の中に入り、行動する者」のことです。

本当の自分が大空だとすると、感覚器官や感覚で得られる対象は、大空を覆う雲のようなものと言えます。感覚器官中心に生きているうちは、空がずっと雲に覆われている状態であり、本当の空は見えていません。

「眼、耳、鼻、舌、皮膚など（感覚器官）は、すべて空に浮かぶ雲のようなもの。色、音、香り、味、感触など（感覚対象）は、すべて空に浮かぶ雲のようなもの。本来の我は制約もなく、解脱とも関係なく、常に輝いている。真我は、不滅の意識（叡智）であり、永遠の実在であり、無限の大空である」（アヴァドゥータ・ギーター 3-7）

niyataṃ kuru karma tvaṃ karma jyāyo hy akarmaṇaḥ
śarīrayātrāpi ca te na prasidhyed akarmaṇaḥ 3.8

「汝のなすべきことを行え。行動することは行動しないことよりも優れている。行動しないなら、肉体を維持することもできないだろう。(8)」

「なすべきことを行え」とは、神の摂理に沿った善行を行うことを示しています。神の摂理に沿った善行とは、利己的なものではなく、無私の精神に基づいた行動を意味します。

人は誰もが、自分だけの使命を担ってこの地上に下りてきています。

その使命は、神の摂理に沿ったものであるにも関わらず、物質世界に下りてくると、多くの人が感覚を満足させることや物質的な支配をすることなど、神の摂理に反するものを好むようになります。人は、低次の欲望に弱いからです。

誰もが一日の終わりに自らの行動を振り返って、自分は「なすべきこと」を行ったか内観することが必要になります。

人は聖典を読むと、いきなり高尚なことを考え実行しようとしますが、すぐに飽きてしまいます。

私たちがまずやるべきことは、日常生活の中で意識的に丁寧に生きることです。いきなり奇跡的なことをするつもりになる必要はありません。

「看脚下（かんきゃっか）」という言葉があります。これは、中国の法演（ほうえん）和尚の話に由来すると言われています。

和尚が三人の弟子と共に、暗い夜道を寺に帰る途中のこと。行燈（あんどん）の炎が風で吹き消され、真っ暗になってしまいました。

和尚は、三人の弟子たちに、「私たちは暗闇の中に残されてしまった。先は見えない。さて今何を思うか？」と尋ねました（この問は、暗闇を先の見えない未来を暗喩しています）。

一人の弟子は、「暗闇を赤い夕陽のようなものと思いましょう」と答えます。

和尚は何も言いません。

二人目の弟子は、「暗闇の中の曲がりくねった道は、まるで大蛇のようです」と答えました。

和尚は何も言いません。

三人目の弟子は、「足元を見て、歩きましょう」と言いました。

和尚はその答えをとてもよく誉めました。

この話には、様々な意味と解釈があります。今現実に起きていることに対して、漠然とした理想ばかり考えるのではなく、「まずは自分のできる事を確実に行うこと」、これが最も大切です。

「行動しないこと」とは、怠惰や心の伴わない無為な行動を示しています。最近多くの人が「時間潰し」と称して、スマホのゲームに興じる姿がよく見られるようになりました。これらも無為な行動、つまり行動しないことと同じことになります。

ことの大小にかかわらず、崇高な目的意識を持って行動すれば、結果が良くても良くなくても、大きな学びとなり世界にも貢献することになります。当然、行動しないよりも優れています。

「人は、挑戦しない時にのみ失敗するのです。失敗しても、行動は評価されるのです。「私はあなたを責めない」と言われた主の言葉を思い起こしなさい。忍耐強く、慈悲深くあれば、神が共にいます」(エドガー・ケイシー 3292-1)

yajñārthāt karmaṇonyatra lokoyaṃ karmabandhanaḥ

tadarthaṃ karma kaunteya muktasaṅgaḥ samācara 3.9

「この世は祭祀のための行動以外の行動に束縛されている。だから、アルジュナよ、執着を捨てて、祭祀のためにのみ熱心に行動せよ。(9)」

「祭祀」とは、どのようなものでしょうか。祭祀には、御神事から個人で行う瞑想や祈りまでさまざまなものがありますが、簡単に言うと「神に向かい、神の摂理に沿った行動」ということになります。つまり、神の法則に沿った行動（思い、言葉、行為）であれば、日常生活のどのような所作も祭祀となるのです。

御神事は、日本人であれば、日常生活の中にも定着した身近に感じられる儀式です。祭祀とは、ご先祖様の「命」をはじめ、私たちがここに存在するために支えてくださったすべての「命」と、私たちの「命」が一貫して繋がっていることを体認するための儀礼であり、御神事です。これは、魂は永遠不滅であるとの信仰が前提になっています。

御神事は、物質的な所作の背後にいつも精妙なエネルギー的な所作があり、この精妙な所作が本当の目的となります。

それは自分自身の真我を含む高次の存在と繋がり、その恩恵を神の摂理に沿ったあらゆる行動の目的達成のために活用できるように、また助力を受けることが出来るようにするためにあります。ここで言う御神事とは、地上に生きて活動するすべての所作のことを指しています。

日本人は、個々の命の前提として、生けとし生けるものすべてに魂が宿り、それらすべてが一つに繋がっているという自然観を持っています。そして、私たちは天地一貫の命の中で、生かされているのです。

「心神思想」という言葉を聞いたことがあるでしょうか？

宇宙を創造した天之御中主神（あめのみなかぬしのかみ）とそのエネルギーが現象界に具現した天照大御神（あまてらすおおみかみ）。これらの神々は宇宙に存在するだけでなく、私たち一人ひとりの心の中にも在るということです。

これらの思いを日々思うだけでなく、神聖な気持ちで体認していくために祭祀が行われているのです。

「この世は祭祀のための行動以外の行動に束縛されている」。

祭祀の習慣を大切にする日本人でも、個人主義思想が浸透してきた現代社会では、命の繋がりよりも、個人の主張が強くなり、利己的な行動が日立つようになりました。そして、祭祀を軽視する風潮も生まれています。

例えば、「新嘗祭（にいなめさい）」は「勤労感謝の日」に改定されました。新嘗祭は、はるか神代の時代から受け継いできた「命の繋がり」を大切にする御神事ですが、勤労感謝の日は、個人の労働に対する感謝の日となっています。

こうして、本来の心から離れた社会生活になると、すべての命の繋がりやすべてを創った創造主との繋がりを忘れてしまいがちになってしまいます。人や物やあらゆる現象の背後に存在する本当に大切な本性が見えなくなっていくのです。

また、占いが流行しています。本来「うらない」とは「卜相ひ」。「卜（うら）」とは心であり、命です。自分の真我と創造主である神を合わせることによって、神の御心を伺う行為を意味していました。

古代から大切に受け継いできた精神を忘れないように、いにしえの大師は、「君が代」という三十二文字の真言を下ろしてきました。

君が代もこの「バガヴァッド・ギーター」と同様に、頭で考えただけで理解できるものではなく、瞑想と神の摂理に沿った行動によって、初めて理解できるものです。「知識で知る」というよりは、「智慧で味わう」という方が正しい表現かもしれません。

「祭祀のための行動」。

心の在り方次第で、日常生活のすべてが祭祀のための行動になります。

「古事記」には、天照大御神が営田（えいでん）（新嘗祭のための田んぼ）で稲作を行う様子が描かれています。営田は日常の場の象徴でもあり、農作業は行動の象徴でもあります。天照大御神は私たち一人ひとりの心の中にも存在しますから、日常のすべての行いが祭祀であり御神事であるとの認識で行動すると良いでしょう。

祭祀の心は、高次の力や自然界の力を味方につけることを意味し、人の進化の流れを推進させる力を与えてくれます。

「聖なるご加護の元で、私たちは朝起きて祈りを唱える瞬間から、夜眠りにつく瞬間まで、正しく生きるには何が必要か理解していました。日常着ている衣服やその模様にも、すべての形に聖なる意味がありました。日常、どこで何をしていても、それは聖なる生活を営むことであり、神

聖な感覚を持ち続けていたのです」（イエローテイル、北
米クロウ族）

　「他者に対する奉仕がなければ、人はその人生経験でほ
とんど得るものがありません。なぜなら、人生は奉仕その
ものだからです」（エドガー・ケイシー 53-1）

　「それぞれの魂が己を犠牲に捧げ、己を祭壇の上に置き、
いわば愛の炎にくべて焼き尽くすことで、これら低次の
願望は消し去らなければならない」（エドガー・ケイシー
275-43）

　「あなたがたのからだを、神に喜ばれる、生きた、聖な
る供え物としてささげなさい。それが、あなたがたのなす
べき霊的な礼拝である。あなたがたは、この世と妥協して
はならない。むしろ、心を新たにすることによって、造り
かえられ、何が神の御心であるか、何が善であって、神に
喜ばれ、かつ全きことであるかを、わきまえ知るべきであ
る」（ローマ人への手紙第 12 章 1-2）

　「わたしを主よ、主よ、と呼びながら、なぜわたしの言
うことを行わないのか」（ルカによる福音書 6:46）

「しかし聞いても行わない人は、土台なしで、土の上に家を建てた人に似ている。激流がその家に押し寄せてきたら、たちまち倒れてしまい、その被害は大きいのである」(ルカによる福音書 6:49)

「毎日、何をしている時であっても聖なる祭祀に則って生活している。その一つひとつが些細な事であっても、その積み重ねが私たちの生活を築きあげているのだ」(イエローテイル、北米クロウ族)

sahayajñāḥ prajāḥ sṛṣṭvā purovāca prajāpatiḥ
anena prasaviṣyadhvam eṣa vostv iṣṭakāmadhuk 3.10

devān bhāvayatānena te devā bhāvayantu vaḥ
parasparaṃ bhāvayantaḥ śreyaḥ param avāpsyatha 3.11

iṣṭān bhogān hi vo devā dāsyante yajñabhāvitāḥ
tair dattān apradāyaibhyo yo bhuṅkte stena eva saḥ 3.12

「はじめに、プラジャーパティ(創造神)は祭祀とともに人類を創造して言った。「これ(祭祀)によって繁殖せよ。これが汝等の願いをかなえる乳牛(カーマドゥク)であらんことを。」(10)」

「これによって神々を慈しめ。そうすれば、神々も汝等を慈しむだろう。互いを慈しんでいれば、汝等は最高の幸せを得るだろう。(11)」
「祭祀によって慈しみを受けた神々は、汝等が望む喜びを授けるだろう。神々を供養しないで神々の恩恵を受ける者は、盗賊に他ならない。(12)」

この10～12節まで、クリシュナは神話を引用します。
「はじめに、……と神が言った」という文章はヴェーダからの引用であり、比喩的な意味が隠されています。ヴェーダは、人が書いたものではなく、高次元の叡智が古代の聖賢たちを通して地上に明かされたものとされています。

ここに登場する「乳牛（カーマドゥック）」は、あらゆる願いを叶えてくれる神話上の牛です。聖者ヴァシシュタが所有していた牛でした。
ある日ある国の王様が、聖者ヴァシシュタの住む森にやってきました。王様は大人数の従者たちと共にやってきましたが、すでに手持ちに食べるものがなく、全員お腹が空いていました。王様ご一行は、ヴァシシュタの小屋を見つけると、何か食べるものを提供してくれないか頼みました。

すると、ほんの５分程度のうちに全員に食事が配られました。王様はびっくりして「どうしてそのような事が出来たのか？」とヴァシシュタに尋ねました。すると聖者ヴァシシュタは、「裏庭に牛がいるからです」と答えました。

王様は「牛とこの素晴らしい食事とどういう関係があるのだ？」と尋ねます。ヴァシシュタは、「あの牛は、願うものをなんでも具現化できるのです」と答えます。

そこで王様は、「あの牛を私にくれないか？」と尋ねました。ヴァシシュタは、「差し上げても良いのですが、この牛はブラフマリシに到達した人にしか従わないのです。従って、王にとっては全く役に立ちません」と答えました。

この牛は、人が神を愛し、神がその恩寵として与えるものの象徴とされるものです。

余談になりますが、ヒンズー教では牛が神聖視されています。

インドにおける牛は、紀元前7000年紀（今からおよそ8000～9000年前）頃に羊や山羊と共に家畜化されたと考えられています。特に牛糞は、かなり古い時代から儀式に使われていたことが判明しています。聖典「リグ・ヴェーダ」によると、牛は財産であり、神への供犠（くぎ）として捧げられていたことが記されています。

紀元前6世紀頃（今から2600年前）には、徐々に肉食への批判が生まれて、仏教やジャイナ教などの宗教でも提唱する不殺生が、新たな潮流となっていったようです。そして、次第に牛の産物である乳汁や糞などが、浄化と贖罪の力を有すると考えられるようになっていきました。

牛は、人が食べることのできない草を食べて、牛乳やバター、発酵ヨーグルト、ギーなどといった人の健康に寄与するものを作り出して提供してくれます。また、牛の産物は、歯磨き粉や洗顔クリーム、石鹸、食器洗浄剤などの日用化粧品から虫よけや家の壁材、燃料まで幅広く利用されていくようになります。さらに、神々への祭祀に乳や糞が使われたことから、次第に神聖視されるようになっていったのです。

古代インドの祭儀書である「シャタパタ・ブラーフマナ」（紀元前6世紀頃）では、祭祀に「浄化のために牛糞の塗布」「人を清めるためにギーを利用」と記されています。

さらに律法経「バウダーヤナ・ダルマ・スートラ」（紀元前6～2世紀頃）では、牛に由来する五つの産物（糞、尿、乳、酸乳、サルビシュ（発酵物））のすべてが聖なるものであり、浄化作用を有することが記載されています。

紀元前2～2世紀頃に成立した「マヌ法典」にも、家と土地の浄化には牛糞を使うことや牛殺しの罪を犯した人の浄化に牛尿を使うことが記されています。4世紀頃の法典「ダルマ・シャーストラ」に牛殺しは死刑とすることが記されています。

その後、5世紀頃の聖典「マハーバーラタ」などにより聖牛崇拝が発展していきます。このように、牛はさまざまな側面で人の役に立つことから神聖視されましたが、これは牛に限らずあらゆる動植物に対して言えることです。

ヴェーダの考え方では、牛乳も蜂蜜も果物も穀物も、すべてのものが神からの贈り物として扱われます。なぜなら、どんなに科学が発達しようとも、人はこれらすべての自然界の恵みを作り出すことが出来ないからです。

「バイオインスピレーション」という言葉があります。

自然界の生物のもつ優れた機能や形状からインスピレーションを得て、工学や医療をはじめ様々な分野に応用することです。

実際にあらゆる製品が、さまざまな生物をヒントに作られ、利用されています。例えば、鳥の翼の形をほんの少し真似て、飛行機の翼に応用しただけで、石油燃料の消費量が驚く程節約できたという話もあります。

動物は人類の兄弟、植物は人類の姉妹ともいえる存在です。すべて大切な存在であることを私たちは再認識しなけ

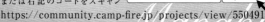

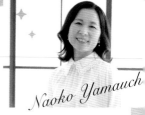

ればなりません。

「プラジャーパティ（創造神）が祭祀とともに人類を創造した」。

この部分をエドガー・ケイシーのリーディング情報を踏まえて解説すると、次のような意味になります。

創造神が人間を創造した頃、人間はもともと神の一部であるために、万物万象と調和し、神の属性を忠実に反映していました。人の魂は、最初は霊的次元に留まり、至福、感謝、愛に溢れ、神の想念の内に留まっていたといいます。

時間が経つにつれて、自己意識が生まれ、自分の可能性を外界に向けて表現したい欲求が生まれました。しばらくの間は、魂の活動は神の創造目的から逸脱することはありませんでしたが、人の魂の自分の能力に対する興味が徐々に強まり、それにつれて自ら神の意志から逸脱するようになっていきました（この様子は、シャンタヌ王と女神ガンガーとその息子たちの話に象徴的に描かれています）。

創造神は、創造の波動が末端の粗大な領域にまで低下していった時に、波動の純粋性が歪んでしまうことを理解しているのでしょう。あらゆるレベルで波動を拡げて、歪みを純化する行程を無数に繰り返しているのです。

物質的宇宙で展開される生命現象を、霊的次元から観察していた一部の魂たちは、この物質世界での現象に引き寄せられていき、好奇心旺盛な一群の魂が物質次元に降下していきました。魂は人間として長い間物質界で活動するうちに神から離れ、純粋性は歪み、神性を失っていきました(この様子は、ビーシュマの話に象徴されています)。

神性さを失うと共に、自分の真我を封印することによって自由にも制限が課せられていきました。自分で自分の首を絞めるような行為になっていったのです。再び神聖さを取り戻し、神の御心のままに在れば、真の自由を取り戻し、願うことはすべて実現されるのですが、人の持つ低次の欲望がそれとは逆方向に動くことになります（この話の全体像は、「バガヴァッド・ギーター」の家系図（1巻参照）に暗喩として示されています)。

人は自分の分離感が強くなればなるほどに、自分の範疇を遥かに超えるものを認識できなくなります。分離意識の強い人の顕在意識の中では、まず神を自分から分離し、次に神を否定し、最終的には神を忘れてしまいます。

でも、人が一方的に神を忘れているだけなのです。神は人に無関心ではないし、見捨ててもいません。創造した時と同じように寵愛していることは、乳牛（カーマドゥック）によっても象徴されています。

物質世界の執着と磁場が、いかに強いかを表した逸話があります。

雷神、天候神、軍神、英雄神であるインドラ神は、神々の怒りを買って、天界を追放されたことが何度かあります。

ある時、インドラ神は、すべての力を封印されて豚として地上に下ろされます。豚として地上に下りたインドラ神は、泥まみれの環境で楽しく暮らすようになりました。そんなある日、ある聖者が通りかかり、泥にまみれたインドラ神を見て哀れに思い声をかけました。

聖者は「インドラ神よ、なぜあなたはこのような姿で泥の中で寝転んでいるのでしょう？私が呪いを解いて、天界へと帰れるよう導きましょう」と申し出ました。

すると、豚になったインドラ神は、「そんな必要はない。私は泥の中で何の責任もなく遊ぶだけの生活が気に入っている。そもそも天界で自分が誰だったかも覚えていないのに、面倒なことに巻き込まれたくない。このままでいたい」と答えました。インドラ神は、すっかり天界での使命を忘れてしまっていたのでした。

豚になったインドラ神は、伴侶となる雌豚を見つけました。やがて、たくさんの子豚たちが生まれ、今度は子豚たちと楽しく泥遊びをして過ごします。

その様子を見ていた天の神々は、インドラ神の哀れな姿に我慢が出来なくなり、天から下りて次のように言いました。「あなたは誇り高きインドラ神なのです。それがこんなところで何をしているのですか。あなたのそのような姿を見るのは、とても恥ずかしい」。

すると、インドラ神はこう言います。「私の姿が恥ずかしい？お前たちは馬鹿者だ。皆、豚になれ！そうすればその楽しさがよくわかるぞ」。

神々は次のように言います。「インドラ神をこのままにしておく訳にはいきません。どうか豚の姿から抜け出して頂かないと」。

インドラ神は「邪魔をしないでくれ。私は子豚たちと遊ぶのが好きなんだ」と、聞く耳を持ちません。

そこで神々は、インドラ神が愛着を寄せる子豚たちをすべて殺してしまいました。インドラ神は嘆き悲しみましたが、しばらくすると雌豚と交尾を始めました。

それを見た神々は、次に雌豚をインドラ神から引き離して殺してしまいました。インドラ神は呻き声を上げます。

そこで最後に、神々はインドラ神の身体となっている豚の身体を開いて、インドラ神の魂を身体から抜き出しました。

インドラ神が天に引き上げられる途中で地上を見下ろしている時、神々は「あなたはあの身体の中にいただけでなく、そこに留まりたいと主張していたのですよ？」とインドラ神に伝えました。

インドラ神は「もうこりごりだ。天界へ帰ろう」と答えたのでした。

いかに地上の執着と磁場が強力かが、よく分かる逸話です。

聖ヴィヤーサが最後に記した「シュリーマド・バーガヴァタム」には、「プラジャーパティ（創造神）とは、主ヴィシュヌのことである。主ヴィシュヌがこの物質世界を創造したのは、制約された魂にヤグニャの行い方を学ばせるためである」と記されています。

「ヤグニャ」とは、犠牲という意味があります。ヤグニャは、自分の時間とエネルギーと意識を神に捧げる行為です。その中でも最高の犠牲は、自我を犠牲にすることとされています。

ヴェーダには、さまざまな神々に向けた、さまざまなヤグニャの行い方が記載されています。ただし、究極的にはすべてのヤグニャは、創造主へ向けたものになります。

太陽は光と暖かさとエネルギーを、川は水、花は蜜と香りを、皆に平等に分けてくれます。あらゆる創造物がヤグニャを行い、お互いに恩恵を受けています。

生き物の宝庫アマゾン熱帯雨林は、遠く離れたサハラ砂漠の砂によって維持されていることが科学的に証明されています。一見何の関係もなさそうでも、大きな目で見るとすべての存在はお互いに分かち合い、支え合い存在しているのです。そのような自然界の恩恵を知れば知るほど感謝の気持ちが湧いてきます。

私たち人間も、ハートを愛で満たせば、思いやり、優しさ、癒しなど、分け合うものがたくさんあります。地球にいるのは奪い合うためではなく、分け合うことを学ぶためなのですから。

ヤグニャは、低次の自己の視点から見れば犠牲として理解されていますが、高次の視点から見れば、至福であり愛であることがわかります。

ヤグニャを行うことによって、少しずつ意識はクリアになっていき、それと共に自由度は拡がり、最終的には至高の境地に到達すると言われています。

「これ（祭祀）によって繁殖せよ」。

人間が創造された時の神の御心に従って、生きることを示しています。そこには分離意識も利己的な欲望もありません。人の神聖さを中心にすることです。

自我と真我を同時に選ぶことは出来ません。どちらかを選択することになります。

「これによって神々を慈しめ」。

神々は、神話の中では人格化されているものの、人の姿で現れるわけではありません。神のエネルギーは、大自然の営みの中に、光として、星として、風として、雨として、人として、あらゆる創造物として表現されています。

特別な仏像や人の作った御神体を慈しむのではなく、すべての創造物を慈しむこと。それをするためには、低次の欲望から離れて、心を静謐にする必要があります。

「神々を慈しめ」とは、自分の周囲に存在する対象物すべてに慈しみの心を持つことです。

釈迦大師は、無財の七施（しちせ）を説きました。これは財産などなくても、誰もが慈しみの心を持って分かち合えるものを持っていることを、あらためて教えてくれます。

1. 眼施（げんせ）：どんな存在に対しても、優しい眼差しで接する
2. 和顔悦色施（わげんえつじきせ）：いつでも笑顔で接する
3. 言辞施（ごんじせ）：誰に対しても優しく慈悲深い言葉をかける
4. 身施（しんせ）：自分の身体を使って出来る奉仕を行う

5. 心施（しんせ）：他の存在のために心配りをする
6. 床座施（しょうざせ）：譲れるものは譲る
7. 房舎施（ぼうじゃせ）：自分のいる場を他の人のために活用する

これが「無財の七施」の実践となります。

例えば、心配りひとつとっても、日常で出来ることは山ほどあります。洗剤の量を減らすだけで河川はきれいになります。植物油脂製品を控えるだけで森林破壊を減らし、貴重な動物が助かります。不必要なものは買わないだけで、ほんの少し食べる量を減らすだけで、どれだけ多くの命を守ることになるでしょうか。

他にも出来る事はたくさんあります。贅沢な暮らしを求めるよりも、万物への慈悲と分かち合いを優先する方が、心が豊かに、幸せになります。

たった7つの実践で、霊性を高めることが出来るとともに、世界を明るくすることが出来ます。何よりも自分の心が静謐になるはずです。

「そうすれば、神々も汝等を慈しむだろう」。

人は与えたものだけを与えられるという、天の法則の中に生きています。だからクリシュナは、まず自分から神々を慈しめと言います。求めなければ与えられず、愛さなければ愛されていることに気が付かない。

筋肉は、使えば使うほど大きく強くなっていきます。それは愛も同じことです。愛すれば愛するほど、愛は強化されていきます。それが天の法則だからです。

「神々を供養しないで神々の恩恵を受ける者は、盗賊に他ならない」。

この地球には、人の魂が成長するために必要なありとあらゆるものが揃えられています。空気も光も水も海も山も、さまざまな生物や微生物も、すべてが絶妙なバランスを保ちながら存在しています。すべては神の恩恵の元に存在しています。

私たちが、地上のありとあらゆるものを利用できる環境に置かれているのは、地上での究極の目的である至高の境地に達するためです。

その崇高な目的を忘れて、物質界での欲望に溺れて感覚器官の満足だけに地上の物質を利用するのであれば、それは盗賊以外の何物でもないことになります。

yajñaśiṣṭāśinaḥ santo mucyante sarvakilbiṣaiḥ
bhuñjate te tv aghaṃ pāpā ye pacanty ātmakāraṇāt 3.13

「祭祀のお下がりを食べる善人は、すべての罪から解放される。しかし、自分達のためだけに料理を作る悪人は、罪を食べる。(13)」

「祭祀のお下がり」。

祭祀のお下がりとは、神に捧げた供物の一部を分けていただくこと。神に捧げた供物も元々は神から授かったものです。

この世界のすべてのものは神から授かったものです。それには当然、肉体が食べる物質的なものも、心が食べるエネルギー的なものも含まれます。

自分たちが食べるものをまず、感謝の気持ちと共に神へ捧げることによって、食べ物は浄化され、質を高めることになります。神様に捧げられた食事には、神様が喜んで召し上がったことにより、最高の波動が移っていると考えるのです。それらは見えない精妙なレベルにおいて行われているとされています。

日本でも、供物を神様に捧げる風習は一般的に行われています。自分が心を込めて作った「収穫物」「果実」「幣帛（へいはく）：織物」が三大供物とされています。そして神様に捧げた供物を下げてから、皆でいただく「直会（なおらい）」という神と共に食事を行う儀式を行います。日本では、神人共食が神人合一への象徴とされています。

また、日本の結婚式などで今でも行われている三三九度の盃も、新郎新婦が神様に捧げた御神酒（おみき）のお下がりを頂くことで一つになると信じられている風習です。日本にはお下がりの風習が他にも数多く残されています。

神から授かる食べ物、神からの恩寵はすべて、「プラサード」と呼ばれています。

プラサードは、いつでも私たちに与えられていますが、それを受け取るかどうかは私たちの意識の在り方と行動次第です。受け取る前には、自ら神に捧げる行為が必要です。食事と行いを正すことは、自らを清め、邪悪な性質を遠ざけるために必要なこととなります。

聖書にも供物の比喩が出てきます。

「あなたがたは、宮仕えをしている人たちは宮から下がる物を食べ、祭壇に奉仕している人たちは祭壇の供え物の分け前にあずかることを、知らないのか」（コリント人への第一の手紙 9:13）

ここで私たちは、食べ物についての重要性も意識しておかなければなりません。

「バガヴァッド・ギーター」では、体を「クシェートラ：土地」に喩えています。土地を聖地にするのも穢れ地にするのも本人次第です。聖地にするためには、思い・言葉・行いを正すことが必須となりますが、さらに正しい食事が要求されます。

私たちの肉体は、食べたものによって作られています。その肉体は、この地上において至高の境地を達成するために、いつでも清浄に保たなければならないものです。肉体を真我が宿る神殿だとすれば、食事は礼拝のようなものになります。

ヴェーダによると、人の身体は五つの鞘で覆われたアートマであると説明されています。

その五つとは、食物（アンナマヤ・コーシャ）、生命エネルギー（プラーナ・コーシャ）、心（マノマヤ・コーシャ）、知性（ヴィグニューナマヤ・コーシャ）、至福（アーナンダマヤ・コーシャ）です。このうち知性と至福は、生物の中では人だけが保有するものになります。

食事は、心身を清浄に保つために大切なものとなります。ヴェーダには、良質の食べ物を摂取することが、感覚器官の制御や心身の浄化に繋がり、解脱への道を整えると示されています。

食事が病気の要因とならないためには、食事の量、規則正しい食生活と食事内容、食事の時の心的態度が重要な要素になります。

カリフォルニア工科大学の研究チームの研究では、食生活を自制できている人は、食事を前にすると脳の前方側面に存在するDLPFC（背外側前頭前野）という領域が活性化することが知られ、健康と味の両方を判断して、好物でも健康によくないと判断した物は取らないそうです。

一方、自制できない人の場合にはDLPFC領域は活性化せずに、味だけを基準にするために、健康上明らかに問題のある食事でも全く気にしないと報告されています。この研究からは、健康の第一歩として、食事に対する自制心を養うことが大切になることがわかります。

食事の内容は、脳に直接影響を与えることが知られています。そして、その脳の影響は精神や感情面にも影響し、それが肉体へとフィードバックされます。現代では、食事に含まれる各栄養素が脳に与える影響のメカニズムに対しての研究も進んでいます。

ただし、これらの研究は、特定の栄養素と特定の脳内物質との関係を示す一元的なものであり、複雑に絡み合っている総合的な影響は科学では解明出来ていません。

ここで、身体と食事の関係の例をほんの少しだけ挙げましょう。

朝食に高タンパクの食事を摂った40歳以上の男女の場合は、緊張感と落ち着きのなさが出やすくなります。これはタンパク質が脳のカテコールアミンの分泌を活性化するためとされています。

炭水化物を多く摂ると、女性は眠くなり、男性は冷静になります。これは炭水化物の摂取によって脳内のトリプトファン濃度が上がり、セロトニンが放出されるためとされています。また、低タンパク質の食事は、リラックスする作用があります。

インスタント食品や菓子類を欲しがる人は、脳内のセロトニンをはじめとする神経伝達物質の調整不良が起きている可能性も示唆されています。またインスタント食品ばかり食べていると、免疫力が低下するとの指摘もあります。過食についても、神経伝達物質、特にエンドルフィンの調整不良と関係しているとも言われています。

サイ・ババ大師は、食べ物についても多くのことを語っています。

「食事の大部分は粗大なもので出来ていて、それらは排泄物となります。わずかな精妙な部分は、体内に吸収されて身体を造る材料となります。そして、極微量のさらに精妙な部分は心を造る材料となります。従って、心と身体は自分が食べたものに反映されます。」

「私たちの心の中にある動物的・邪悪な傾向は自分が摂取した食べ物に起因するものです。」

「あなたがもし食をたしなむ者であるならば、あなたののどに刀をあてよ。」（箴言 23:2）

「酒にふけり、肉をむさぼる者と交わってはならない。」（箴言 23:20）

毎日ジャンクフードを食べ続けることは、心身を真の健全な状態に保つためにはあまり良いとは言えません。

それは第一に、生体が人工的な化学物質である毒素を許容しにくいからです。さらに言うと、食事を構成する物質の背後に内在している、不可視の自然の摂理から外れた波動も関連しています。その乱れた波動を食物と共に摂取することで、肉体だけではなくエネルギー的にも乱れが生じやすくなります。

では、全くジャンクフードを口にしないならいいのでしょうか？

清浄な食物も、私たちの心構え一つでジャンクフードへと変わることが知られています。食生活が正しい人でも、日々の生活の中で悪い思いを抱いたり、自分勝手な言葉を発したり、自然の摂理に反する行動があれば、それらはジャンクフード以上に生体エネルギーに害を及ぼすことは知っていただきたいと思います。

マタイによる福音書15章11節には「口にはいる物は人を汚さない。しかし、口から出るものが人を汚すのだ」と、マタイによる福音書12章36節には「あなたがたに言うが、審判の日には、人はその語る無益な言葉に対して、言い開きをしなければならないであろう」と書かれています。

これはその通り、言葉は悪い言葉であれ良い言葉であれ、すべて自分自身に帰結することを意味します。さらに、言葉は食べ物よりも影響が大きいことをも意味しています。

加工食品ばかりの食生活は主に身体に悪影響を及ぼしやすいのですが、他人への批判、執着や嫉妬、憎悪などネガティブな思想と言葉は、精妙なエネルギー体に、より大きな害を及ぼします。

肉体の作用とエネルギー体の作用では法則が異なりますので、エネルギー体の乱れは顕在意識では気づきにくいのが特徴です。肉体の場合には、ストレートに毒素が体に作用します。しかしながら、エネルギー体の場合には、肉体とは作用機序が異なるために、蓄積した毒素は時空を超えて浄化する機会が与えられます。もし浄化されない場合には、肉体レベルでのサインとなって現われてきます。

これらのエネルギー体に蓄積された毒素は、思いと言葉と行いを清らかにすることにより浄化することが可能です。

過食が、それがいくら素晴らしい食材であっても、多くの問題を引き起こすことは周知の事実です。もともと生き物の体は、必要以上に多くの食べ物を摂取しなくても生体が維持できるように作られており、逆に過食によって吸収された後に体内で発生する老廃物を充分に処理できなくなり、病気の原因となります。

食べ過ぎは、財布の負担だけでなく、身体の負担も大きいのです。さらに、物質レベルでもエネルギーレベルにおいても、食への強い執着は体を汚すことは覚えておいた方がよいでしょう。

南米エクアドルには、ビルカバンバという長寿地帯があります。ここは、コーカサス（グルジア共和国）、フンザ（パキスタン）と並んで、世界三大長寿地域と言われています。

ビルカバンバは、現地の先住民族の言葉で「聖なる谷」

という意味があります。この谷に住む人々は、とても健康であり、ほとんど病気にならないといわれています。一昔前は、多くの人が120歳を超えても、毎日10時間働いていたといいます。彼らの食事は、先進国の人の半分程であったそうです。

食事の際にもう一つ念頭においておかなければならないことは、食べる時の心的態度が生体に対して大きな影響を与えるということです。

エドガー・ケイシーは、食べるときの心の状態によって、食品は毒に変わると明言しています。

サイ・ババ大師は、食べるときに悪い感情を抱いたり、波動を乱すような内容のテレビを見ながら食事をしても、体に害を及ぼすと語っています。

逆に、良い感情で感謝の気持ちを抱きながら食事を取れば、体に有益になります。

海外では、食事の前の祈りもありますし、日本では「いただきます」、「ごちそうさま」と感謝の気持ちを表す良い習慣があります。

日本料理には、さまざまな心を入れる工夫がなされて創られます。

素材一つとっても、最高のもてなしをする場においては、旬の食材を六割、旬が過ぎ去る食材を二割、これから旬がやってくる食材を二割ほどで構成します。

このように旬の時期が異なる食材を取り入れることで、現在・過去・未来の時間を一つの食事に入れて、すべては「今」の連続であるという永遠の時を表現しているのです。これには、時間を忘れて、食材を味わってほしいとの願いが込められています。

禅においては、禅僧が食事の前に唱える食事訓として「五観(ごかん)の偈(げ)というものがあります。

これは、中国唐代の南山律宗の開祖、南山大師として知られる道宣(どうせん)が著した「四分律行事鈔(しぶんりつぎょうじしょう)」が元になっていますが、道元の著書「赴粥飯法(ふしゅくはんぽう)」に書き記されたことによって日本でも普及しました。

五観の偈

一、計功多少量彼来処（目の前に食事が置かれるたびに、それに関わった人の働きや食材となるため命を捧げたすべての生き物に心から感謝します）

一、付己徳行全缺応供（この食事を戴くに値する行いをしているかしっかりと内省します）

一、防心離過貪等為宗（食事を前にして、貪るなどの乱れた心を持たないように心がけます）

一、正事良薬為療形枯（この食事によって体を養い活かすための良薬として戴きます）
一、為成道業応受此食（人の崇高な目的を成就するためにこの食事を戴きます）

難しい言葉で表現されていますが、よりわかりやすい現代の言葉使いにして心を込めて唱えるか、心の中でいつも思い出しながら「いただきます」という言葉に思いを凝縮したり、噛むたびに感謝の気持ちを入れて食事を戴くと、よりよい「医食同源」「薬食同源」となると思います。

日本には、「喫茶喫飯」というすばらしい言葉があります。
お茶を飲む時には、世俗の煩わしい雑踏から離れて、お茶に向き合い味わうことに集中します。
お茶の葉の生命エネルギーと意識を感じ、感謝し、作り手の真心を思いながら、お茶の葉の色、形、香りを味わいながら、お茶を入れます。五感を使ってお茶をゆっくりと味わうように飲みましょう。お茶の持つエネルギーと意識が体内に入り、体の隅々まで浸透していく様子をイメージするとよいでしょう。
深い静寂と安らぎの中でお茶の温かいエネルギーが全身に広がっていき、あるがままの心地よさを感じる時に、お茶との一体感が生まれます。この時、お茶を飲むという行為が、どんな瞑想にも匹敵するほどの神聖な行為へと変わります。

食事をする時には、食事に集中し、ゆっくりと感謝して味わいます。食事を頂くときの食への感謝、その身を犠牲に捧げてくれた動植物への感謝、慈悲、同情、優しさに感謝、作物を育ててくれた人たちへの感謝、真心込めて料理してくれた人たちへの感謝……。

この時、食事という行為がどんな祈りにも負けないほどの神聖な行為へと変わります。御飯も御味噌汁も御菜（おかず）（または御数）も「御」がつくのは、感謝の気持ちからです。これらの思いを持って食事することは健康への第一歩です。

また、これは喫茶喫飯だけではなく、日常の行為すべてにおいても同様です。一度この習慣がついたら、日常のさりげない動作、お風呂に入ればお湯と一体化し、朝日を浴びれば太陽のエネルギーを全身に送り、料理を作る時には素材のエネルギーを感じます。

すべての行為は、心を豊かにしてくれるものへと変わります。私たちは、目に見えない思考を軽視しがちですが、思いは物質と同じように実体があるものなのです。

最初は「ごっこ」からでもいいと思います。自分の出来る範囲で、まねごとのような感覚で気軽に行なえば、それでいいのです。自分がイメージするだけでも、世界が大きく変わることがわかります。それがわかれば、次第に本格的になっていくものです。

中国禅宗（南宗）の第六祖である慧能（えのう）禅師は、これを「六祖檀経」の中で「一行三昧」という語で表しています。

この言葉は、日常生活において心静かに、そして感謝の気持ちとともに、心を込めて行動すれば、すべての行為が霊性進化の行になるという意味を示しています。

「祭祀のお下がりを食べる善人」とは、感謝の気持ちと祈りの象徴でもあります。

瞑想が魂を強化するように、祈りは魂を豊かにします。どちらも分離感を超えて一体感を創り出し、自分の意識を高め、浄化します。そして、愛に満ちたあらゆる行動の中に瞑想があり、あらゆる思い、すべての言葉が祈りになります。

「毎日、グレートスピリットに御食事をお供えする。これは規則があって行っているのではない。誰もが、万物を創造し維持してくださるグレートスピリットに感謝して、

喜んでもらうために、自分なりの最善の方法でお供え物を作っているのだ」（ブラック・ホーク、北米ソーク族）

annād bhavanti bhūtāni parjanyād annasaṃbhavaḥ
yajñād bhavati parjanyo yajñaḥ karmasamudbhavaḥ 3.14

「万物は食物から生まれ、食物は雨から生まれる。雨は祭祀から生まれ、祭祀は行動から生まれる。(14)」

この節とほぼ同様の記述が、「マイトリー・ウパニシャッド」（6-37）や「マヌ法典」（3-76）、「タイッティリー・ウパニシャッド」（2-2）の中にも見られます。

ただし、その書き方が「マヌ法典」では、「祭祀の供物は太陽に達し、太陽から雨が、雨から食物が、食物から万物が生まれる」というふうに「バガヴァッド・ギーター」とは逆になっているのです。

「マヌ法典」では、中心から末端へ向かう順序で記載されています。

「バガヴァッド・ギーター」では、末端から中心へ向かう順序で記載されています。

これは、「マヌ法典」では、通常の人間のエネルギー状態、すなわち中心から末端へ向かう、エネルギーが外側へと流れる状態が示されているのに対して、「バガヴァド・ギーター」では、人が解脱へと向かう状態、すなわち末端から中心へと向かう、エネルギーが内側へ流れる状態を説いているからです。

ちなみに「いろは」の歌は、神から人へ伝えられる神示であり、「ひふみ」の歌は人から神へ捧げる祝詞です。瞑想と祈りの中に見られる神と人の関係も同様です。

すべての生き物は食べたものによって生成され、その食べ物は大地と雨（水）によって生成されます。その水は日々の神への祈りと感謝によりもたらされ、その祈りと感謝は行動から生まれています。

これはすべて象徴として表現されていますが、物質世界にも、エネルギー世界にも言えることです。

すべての生き物は、何かを摂取することによって生成されています。そして、その基調となるものは水です。水はあらゆる物質の母体となるものであり、物質界とエネルギーを繋ぐものとされています。

エドガー・ケイシーは、リーディングの中で「宇宙の4

分の３は水で出来ている。三次元の世界では、あらゆる表現が水から生じる」と述べています。

地球上を豊穣の土地にしている雨は、適切な場所に適切な時に適切な量を降らせることによって成り立っています。それは気まぐれや偶発的なものではなく、万物万象との調和によって成り立つ美しい周期を持っています。

気象や季節のリズムは、太古からの万物万象の集合意識の波が、地球の意識と共鳴して形成されてきたものです。

多くの人が無関心ですが、人は気候への影響力を持っています。私たちの精神的混乱は、この世界に混乱や異常気象を作り出し、優しさや愛のある思いは、気候の調和を創出します。自らの心を調和することには、大きな意味があるのです。

すべての生き物も気候も、私たちの神への感謝の気持ちも、すべてが繋がりをもっています。

日本人は、いついかなる時も神への祭祀と共に生活してきた民族です。

年の初めに歳神様をお迎えしてから、さまざまな神への感謝と祈りとともに一年を過ごします。

新年の「おめでとうございます」は、歳神様への五穀豊穣の祈りであり、祝福の言葉です。

お正月に神棚に供える若水は、神様とご先祖様への敬意が感じられる行為です。新年には神社へ行って、その土地の神様にご挨拶することも一般的です。

節分も邪気を祓う行いをしますし、建国記念日には神棚にお供えした後で「ハレ膳」をいただきます。「ハレ膳」とは、神様にお供えした供物のお下がりを頂くことです。

春分の日には秋の豊作を祈り、秋分の日には収穫への感謝の気持ちを神様とご先祖様に捧げます。春の社日にも、産土（うぶすな）神様に豊作を祈り、秋の社日には収穫への感謝が捧げられます。

昔は、桜が咲くころに豊作の神様が山から下りてきて田畑に力を与え、収穫が終わると山へと帰っていくと考えられていました。

夏越しの大祓は、半年間の穢れを祓う御神事であり、お盆はご先祖様が家に帰ってきます。新嘗祭には、収穫された農作物を神様に捧げます。

多くの人々の家には神棚や仏壇があり、日々神々やご先祖様への感謝を欠かすことがありません。

他にも季節ごとに、神様やご先祖様に感謝の気持ちを捧げる行事がたくさんあります。それらすべての行事が、見えない世界との交流を示すものとなっています。

karma brahmodbhavaṃ viddhi
brahmākṣarasamudbhavam
tasmāt sarvagataṃ brahma nityaṃ yajñe pratiṣṭhitam 3.15

「行動はヴェーダ（ブラフマン）から生まれることを知れ。ヴェーダは不滅の存在から生まれる。だから、遍在するヴェーダはいつも祭祀の中にある。(15)」

ヴェーダ。「知る」という意味の「vid」という語に由来しています。

ヴェーダは智慧という意味で、聖典にまとめられたものをいいます。音節一つひとつが聖なるものとされ、単語はすべてマントラ（真言）となるとされています。物質的なものと霊的なもの、時間と空間を超越したものすべてに関連した智慧が授けられています。

ヴェーダを読んで学ぶ人は、思考を崇高で神聖な目的に向けている必要があります。

聖典には、「シュルティ（天啓、聴かれたもの）」と「スムリティ（伝承されたもの）」があります。

ヴェーダは、シュルティ（天啓）とも呼ばれ、古代の聖賢が神から受け取ったとされるもので、かつてはすべてが口述により伝承されてきました。

そして、スムリティは聖賢や聖者たちが後世の人々のために記した書です。聖賢または聖仙と呼ばれる人たちは、聖者の中でも特別な存在です。悟りを開いた人を聖者と呼びますが、そこからさらに完全に時空を超えた境地に留まれる聖者を聖仙（リシ）と呼びます。

聖仙の感覚は、大宇宙のすべてを見通すことが出来、ヴェーダはそこから下ろされてくるのです。

ヴェーダは、多くの名称で呼ばれています。

シュルティ、アームナーヤ、ナーマムナーヤ、アヌスラヴァ、トライー、チャンダス、スワーディヤーヤ、アーガマ、ニガマーガマ、プラシュナ、プラタマジャなどです。これは、ヴェーダが多様な特性を持っているためです。

ヴェーダは、次の4つの分野に分類されます。当初は一つのものでしたが、一般の人々が学ぶには膨大な時間が必要でした。そこで、より多くの人にヴェーダの智慧に接してもらうために、聖者ヴィヤーサによって分類されました。

サンヒター（本集）：真言によって構成されるヴェーダの
　　　　　　　　　主要なもの
ブラーフマナ（祭儀書）：祭式の手順や意味を記したもの
アーラニヤカ（森林書）：人里離れた森の中で語られるべ
　　　　　　　　　　　き秘儀を記したもの
ウパニシャッド（奥義書）：哲学的な内容を記したもの

さらに狭義では、サンヒターのみをヴェーダといいます。サンヒターには、「美しく巧みに集められたマントラ」という意味があります。

このサンヒターは、喩えてみれば、草原に咲き乱れる美しい花々（ヴェーダ）を集めてきて、美しく生け花（サンヒター）として作り上げ、自然の美を賛美したものです。

サンヒターには、賛歌部分である「リグ・ヴェーダ」、音楽的な表現ができる詩歌部分である「サーマ・ヴェーダ」、祭祀の祭詞である「ヤジュル・ヴェーダ」、呪文の部分である「アタルヴァ・ヴェーダ」という4つがあります。

その後、「ヤジュル・ヴェーダ」が「クリシュナ・ヤジュル・ヴェーダ」と「シュクラ・ヤジュル・ヴェーダ」に分けられたため、合計5つになっています。

ヴェーダは、神から下ろされた天啓であるため、著者はいません。現在のヴェーダを編纂した聖ヴィヤーサが生まれる遥か前の時代から、口伝によって伝えられていたものです。

聖ヴィヤーサが文字にする前までは、代々口伝によって一言一句正しく受け継がれてきました。伝承によると、聖ヴィヤーサが、この神の叡智を文字にして残したのは、およそ5000年前になると言われています。この時代以降、地球は霊的太陽から遠ざかる周期に入り、人の知性が鈍化される影響で口伝だけではヴェーダの言葉が変化してしまうことを、聖ヴィヤーサは予見したのです。

インド哲学の時代の周期に「ユガ」というものがあります。

ユガの周期は、「サティヤ・ユガ」、「トレーター・ユガ」、「ドヴァーパラ・ユガ」、「カリ・ユガ」の4つの時期に分類されます。4つのユガを合わせたものを大ユガ(432万年)といい、1000の大ユガを1カルパ（劫(こう)）と言います。

この4つの時期の中で「サティヤ・ユガ」は神の波動に最も近く、人間の心は最も清浄に神聖になる時期になります。この時期の人は記憶力にも優れ、口伝がどんなものであっても正確に伝承されていく時代です。

ところが、「トレーター・ユガ」、「ドヴァーパラ・ユガ」と移行するにしたがって、物質的な引力が強まり、それと共に人間の記憶力も著しく低下していきます。

「カリ・ユガ」に入ると物質的な力が最も強くなり、人の清浄さと共に、聡明さも低下してしまいます。この時期にいる人々は、自我が強くなり、物質的なものに惹かれ、争いも増え、人生の本当の目的である神への回帰の道も忘れてしまいます。

聖ヴィヤーサが、膨大なヴェーダの口伝を文字にしたのは、「ドヴァーパラ・ユガ」の終わり、「カリ・ユガ」が始まる時期になります。聖ヴィヤーサは、「カリ・ユガ」にあって自我と欲望に囚われている人であってもヴェーダが学べるよう、文字にして、さらにヴェーダを分割して神の叡智を残しました。

聖ヴィヤーサも「ミーマーンサー・スートラ」のジャイミニ大師も、膨大なヴェーダのすべての語が叡智であり、たった一文字でも余分な語は存在しないと断言しています。

サーンキャ哲学のカピラ大師も、ヨーガ哲学のパタンジャリ大師も、ヴァイシェーシカ哲学のカナーダ大師も、原子論のヴァイシェーシカ大師もニヤーヤ哲学のガウタマ大師も、聖人たちは皆、ヴェーダを最も信頼すべき聖典であるとしています。

今、私たちが読んでいる「バガヴァッド・ギーター」も同じです。すべてが叡智であり、無駄な語が一切ありません。そこには、まだ読み手が知らない叡智が詰まっていて、一つの文字、一つの単語、一つの節の中に新たな智慧を生み出せる構造になっています。

それは、日本の国歌「君が代」と同じことです。正しく深く読み解いていくには、言葉を超えた領域に入っていく必要があります。ここで説かれている内容が、深遠な真理の入り口になるはずです。

「バガヴァッド・ギーター」は、ヴェーダの奥義である「ウパニシャッド」の精髄と同じものであることから、「ギートーパニシャッド」とも呼ばれて、尊重されています。

ちなみに、「ウパニシャッド」は、「ウパ（近くに）」と「ニ（すぐ下に）」と「シャッド（座る）」を合わせた言葉です。これは、師の足元に座り学ぶという意味と、真我のすぐ近くまで導いてくれる（叡智の元に座る）という二重の意味があります。

この「ウパニシャッド」は、別名「ヴァーダーンタ」とも呼ばれます。これは「ヴェーダ」に「アンタ」を合わせた言葉になります。「アンタ」には、頂点や最終地点といった意味があるため、神の叡智の最高峰という意味にもなります。

「行動はヴェーダ（ブラフマン）から生まれることを知れ。ヴェーダは不滅の存在から生まれる」。

私たちはまず、この文章の中に説かれているいくつかのヴェーダについて、何を示しているのかよく内観してみる必要があります。ヴェーダの定義を変えることによって、何段階にも解釈することが可能だからです。

そうすることによって得られるさまざまな解釈の共通点は、制約された魂にとってヴェーダを指針とすることは、至高の境地へと導く道標となることです。

「遍在するヴェーダはいつも祭祀の中にある」。

日常に祈りと感謝をしっかりと取り入れることで、自然とヴェーダ（神の叡智）が指針となることを示しています。

神聖なるものは、あらゆる存在の中に見られます。それは、霊性の進化を妨害するような存在の中にも隠されています。

でも、クリシュナはここで「いつも祭祀の中にある」と言いました。生きた魚（祭祀）は水に入れると美しく泳ぎますが、死んだ魚は水の中に入れても泳ぎません。どちらにも神聖なるものが宿っていますが、違いがあります。クリシュナがそのように語ったのは、神聖な意識は祭祀を行う意識を持って行動することで育っていくものだからです。

「聖なる日として区別する必要はない。毎日が神の日だ」
（オヒイェサ、北米ダコタ・スー族）

evaṃ pravartitaṃ cakraṃ nānuvartayatīha yaḥ
aghāyur indriyārāmo moghaṃ pārtha sa jīvati 3.16

「この世でこのように回転する輪（チャクラ）に従わず、罪深い生活を送り、感覚を楽しむ者は、アルジュナよ、空しく生きる。(16)」

ここもとても深い一節です。

宇宙もあらゆる創造物も、すべてがエネルギーで出来ています。エネルギーは常に流動的であり、調和的に機能していれば、美しい循環、美しい回転運動があります。

私たちが「輪」と言う時、さまざまな輪があります。真理の輪、行いの輪、人生の輪、霊的中枢の輪、生命の輪、輪廻の輪、魂の輪、宇宙循環の輪など……。私たちの身体の中にも、血液循環やリンパ液循環、エネルギー循環などといったさまざまな輪があります。この物質宇宙自体も、法則性を持ってゆらぎを持った回転の中に在ります。

そして、それらの輪は、善い方向にも悪しき方向にも回転することができます。

天の摂理に沿って生きていれば、エネルギーの輪は美しく回転します。私たちの意識の中にエネルギーを調和させる力があるからです。

「輪に従わず」、すなわち輪から外れるということは、天の摂理から外れること。

感覚器官に溺れる場合には、エネルギーの流れに乱れが生じます。エネルギーの方向性が逆に動くからです。エネルギーの方向性が、天の摂理に沿っていない場合には、刹那的な至福が容易に得られるのと同時に、大きな苦しみを伴うことになります。そして結果的に、虚しさが大きくなります。

天の摂理に沿ったエネルギーの流れは、自我を持っている場合には困難ではあるものの、大きな至福を伴うことになります。

個々の魂としての大きな輪には、神から離れて地上に下りて、再び神と合一する輪があります。それは悠久の年月を費やす大きな輪になります。

小さめの輪には、人生の輪があります。これは北米先住民たちが人生を学ぶ「聖なる輪（メディスン・ホイール）」として上手く活用しています。輪の流れに乗って生きることは、すべてと繋がり合い、循環する、神の法則に沿った生き方であるからです。

メディスン・ホイールでは、誰もが、一生をかけて自分の人生の輪を回ります。その過程で、身体、精神、魂の課題を学んでいきます。

それぞれの輪には、そのステージにふさわしい動物や植物、鉱物がいます。創造神は、直接人間に話しかけずに、動物たちを始めとする自然界の存在を人の元へ送り、それらの中に神を見るように促しています。

人はこうして輪の中で自分に必要な資質を学び、同時にすべての生き物への愛と敬意を学んでいくのです。

北米先住民たちは、すべてのものに輪を見出しています。

話し合いの場でも、輪を作ります。輪であれば、右隣に反対する者がいても、左隣には賛成する者がいます。善きことは輪を回りながら増幅され、悪しきことは輪を回りながら消えていくというイメージを持っています。輪を巡る動きには、浄化する力があるからです。

「我々の生活はすべてが円の中に在る。万物は常に円の中で働き、あらゆるものは円になるように動く。天空も、地球も、星々も丸い形をしている。風も渦を巻いて吹いてくる。鳥も丸い巣の中で安住し、季節も大いなる円を描いて巡ってくる」（ブラック・エルク、北米オグララ・スー族）

「感覚を楽しむ者は、空しく生きる」。

物質世界に顕現された物質は、真の実体を模倣した玩具のようなものです。

宝石や贅沢品ばかりを追い求めるために生きるのは、砂漠にいて蜃気楼のオアシスを追いかけているようなものです。喉の渇きを癒すために、必死になって蜃気楼を追い求めても、オアシスの幻影は幻影ですから、喉の渇きを潤わせることは出来ません。探し求める場所が違うのです。

人は、物質的な幻影ばかりに目を奪われていないで、見えない世界での本物に目を配るべきです。霊的で永遠なる至福を物質世界に求めることは、砂漠の蜃気楼を目指して彷徨い続けているようなものです。

「真理は法則であり、法則は愛であり、愛は神であり、神は法則と愛です。これは真理の輪といえるものです」（エドガー・ケイシー 3574-2）

yas tv ātmaratir eva syād ātmatṛptaś ca mānavaḥ

ātmany eva ca saṃtuṣṭas tasya kāryaṃ na vidyate 3.17

naiva tasya kṛtenārtho nākṛteneha kaścana

na cāsya sarvabhūteṣu kaścid arthavyapāśrayaḥ 3.18

「しかし、真我（アートマン）に喜びを見出し、真我に満足し、真我に安心している者に、なすべきことは何もない。(17)」
「彼には、この世で行動して得るものも、行動しないで失うものもない。彼は誰かに何かを期待することもない。(18)」

真我意識に到達した人にとっては、真我そのものが至福であり、ありのままに存在している状態であるため、もはや地上でなさなければならない義務は生じなくなります。

地上のすべては、真我に到達することを目的として創造された幻想（マーヤ）世界であり、真我に達した人は、もはやこの幻想の物質世界で得るものも失うものもありません。

美しい月が空に出ている時に、月を描いた落書きを見ようとする人はいないでしょう。真我に達した人にとって、この物質世界はその落書きのようなもの。

瞑想から真我に達した人は、その本性に促されて、より精妙な境地へと向かう力が強まります。魂が自発的に宇宙意識へと向かう流れが確立されていきます。

そして、瞑想から戻ってきた状態においても、真我の神聖な質を日々の活動の中に取り入れていくことになります。それが続くことによって、真我の絶対的存在の境地に根ざしたまま、行動できるようになっていきます。その行動は、自然と神への献身に相当するものばかりになります。聖書では、「新しい人」とも表現されています。

「だれでもキリストにあるならば、その人は新しく造られた者である。古いものは過ぎ去った、見よ、すべてが新しくなったのである」(コリント人への第二の手紙5-17)

「あなたがたは、古き人をその行いと一緒に脱ぎ捨て、造り主のかたちに従って新しくされ、真の知識に至る新しき人を着たのである」(コロサイ人への手紙3-10)

ウパニシャッドの精髄ともいえる「ヴィヴェーカ・チューダーマニ」には、真我に達した状態がわかりやすく記されています。

「永遠不滅で無限に拡がり、すべてに遍満する最も微細なものが自分のありのままの姿であると、自分の本質を完全に理解したのであれば、あなたのすべての罪は消え去り、穢れも消え、死からも解放される」。

tasmād asaktaḥ satataṃ kāryaṃ karma samācara
asakto hy ācaran karma param āpnoti pūruṣaḥ 3.19

「だから、執着することなく、常に汝のなすべきことを行え。執着なく行動すれば、人は最高の存在（ブラフマン）に達する。(19)」

執着は、人に不安や恐怖の念を抱かせます。執着があれば「もしこうなったら……」、あるいは「万が一、これを失ったら……」などといった過剰な妄想が起こり、不安の中で生きることになります。

では、執着から離れるにはどうしたら良いのでしょうか。「すべての物質的なものは、はかないものであることを理解して、感覚器官の節度を持つこと」とクリシュナは言います。

執着が心を不安にする一方で、無執着はいつでも心の自由と喜びをもたらしてくれます。

マハトマ・ガンディーは、執着を捨てるために様々な「実験」を試みています。

所有欲については、生涯に渡って必要最低限の物しか所有しませんでした。所有物は、草履と衣、眼鏡、入れ歯、杖、糸車、携帯用便器、ヤギ１頭、筆記用具、そして「バガヴァッド・ギーター」だけでした。

「執着なく行動すれば、人は最高の存在（ブラフマン）に達する」。

これと同じことを、中国の禅僧で臨済宗の開祖である臨済義玄が「臨済録」の中で、面白い言い回しで記しています。

「仏に逢うては仏を殺し、祖に逢うては祖を殺し、羅漢（高僧）に逢うては羅漢を殺し、父母に逢うては父母を殺し、親眷（身内や親族）に逢うては親眷を殺し、始めて解脱を得ん」。

誤解されそうな文章ですが、「仏に逢うては仏を殺し」とは外側の世界の現象をすべて滅すると共に、その現象を自己の内側に見出しなさいという意味が込められたものです。

すべての物質的な執着と思い込みから離れて行動する時に、解脱への道が開かれるという意味なのです。

「任運騰騰（にんぬんとうとう）」という言葉があります。

任運とは、自我を捨てて、あるがままに受け入れて運を天に任せるさまをいいます。

どんな状況にあっても、それを嘆くことなく、そこから学び、今できることに全力を尽くす。未来のことは、憂いているよりも、天に任せておけばよい。

騰騰とは、制限なく自由に、気高く生きることをいいます。

ここで、一人の気高く生きた人物のことをご紹介しましょう。

今、出来ることに全力を尽くす時、そこに執着はありません。

クァハディ・コマンチェ族最後の酋長であるクアナ・パーカーは、コマンチェ族インディアン酋長ペタ・ノコナとヨーロッパ系アメリカ人女性シンシア・アン・パーカーの息子です。

クアナ・パーカーの母、シンシア・アン・パーカーは、1830年代にテキサス東部に一家で入植した白人女性です。

1836年5月、シンシアが9歳の時、今日のテキサス州に位置するパーカー砦での戦いによって、先住民に戦いを挑んだ白人入植者が全滅。シンシアを含む残された女子供たちは、先住民によって捕われました。

シンシアは、コマンチェ族ナコナ・バンドに養われた後、コマンチェ族戦士ペタ・ノコナと結婚し、最初に生まれた息子がクアナでした。その後、クアナの弟ペコスと妹トプサナも生まれました。

1860年、長男クアナが15歳の時に、白人部隊がコマンチェ族の部落を襲撃してきました。この時クアナを含む男たちの多くは狩りに出ていて、彼らが戻ってきた時には部落に残っていた男は殺され、母シンシアと妹トプサナは白人に連れ去られていました。

母シンシアは、実家であるパーカー家に戻されましたが、コマンチェ族の元に戻してくれるよう繰り返し家族に要求し、部族への帰還を試みました。しかし、先住民の元へ戻ることなど許可されるはずもなく、そうするうちに、妹トプサナが1863年に病気で死亡。

悲しみにくれた母シンシアは、コマンチェ族に戻れるまで食事をとらないことを宣言。死を覚悟した断食に入り、そのまま餓死してしまいました。

母と妹を突然奪われ、その二人ともを失ったクアナは、その後、父と弟も亡くし、天涯孤独の身となりました。

そのころ、コマンチェ族も白人との戦いに疲れ、これ以上犠牲を出したくないとの考えから和平への道を探り始めます。

1867年に白人と4つの先住民部族との和平交渉が開かれました。

その会談の内容とは、「先住民族たちは先祖代々住んでいた土地をすみやかに明け渡して、保留地へと移住すること」という白人側の一方的で理不尽な要求でした。

各部族は、これ以上の犠牲者を出したくないために保留地へ行くことを選びました。でも、クアナが属するクァハディ・コマンチェ族だけは、この会談を無視。クアナは、「白人の酋長に伝えろ。クァハディは戦士だ。死ぬまで戦い抜く」と宣言したのです。

クアナが率いる戦士たちは、白人たちに攻撃を続け、それに対抗して合衆国は最も容赦なく先住民族を攻撃するマッケンジー大佐率いる第四騎兵隊で対抗してきました。

お互いに殺し合う壮絶な戦いが繰り返されました。

この間に、合衆国は西部にまで鉄道を延長し、白人ハンターたちが次々と流入してきました。白人ハンターたちは、先住民族の生活の糧であったバッファローを先住民へのいやがらせのためだけに無差別に撃ち殺していきました。バッファローが栄える大地が、次々と血に染まっていきました。

合衆国政府も、白人ハンターたちにバッファローの無差別殺戮を奨励していました。先住民たちが生活できなくなるからです。先住民たちは、住まいであるティーピーも衣類も食料も、さまざまな生活物資をバッファローに依存していたのです。

このあまりに悲惨なバッファローの無差別殺戮を阻止するために、クァハディ・コマンチェ族をはじめ、カイオワ族、アラパホ族、シャイアン族が集結しました。

そして話し合いで、クアナが戦いのリーダーに選出されます。

そして最初に白人ハンターが集まる交易所を襲撃することになります。白人たちはこれを察知して、長距離ライフルで応戦します。戦士たちの先頭にいたクアナは銃撃をうけて負傷しました。しかし、クアナはまったく怯むことなく、白人たちの拠点を次々と襲撃していきます。

合衆国政府は、これに対抗して軍隊の大部隊の派遣を決めました。でも優れた機動力を持つ先住民族の戦士たちに追いつくことは出来ませんでした。

しかし数か月後、ついに合衆国の軍隊は先住民たちのキャンプ地を発見し、総力を持って奇襲攻撃を仕掛けました。先住民たちはうまく逃げたものの、政府軍は、残された先住民戦士たちのティーピーも生活用品もすべて焼き払い、さらに先住民たちが保有する馬500頭をすべて射殺してしまいました。

先住民たちの「自分たちが先祖代々受け継いできた土地に住んでいたい」という当たり前の願いは徹底的に破壊されたのです。

厳しい冬の環境で、馬も食料も無い戦士たちは次々と降伏。翌年の春、ずっと耐えていたクアナ率いるクァハディ・コマンチェ族もついに降伏しました。

合衆国は戦いの責任者たちを処罰として監禁しました。

特に悲惨だったのはカイオワ族で、ローン・ウルフ酋長は1879年に監禁先で病死。ホワイト・ベアー酋長は1878年に監禁先で自殺。さらに生き残った酋長も毒殺されてしまいました。これで、カイオワ族は事実上壊滅。

保留地に幽閉された各部族の酋長は、すべての意志を削がれて、生きる価値を見失い、指導力も失っていきましたが、クアナだけは、保留地で囚われの身になってもなお、精力的に部族の人々のために尽力し続けました。

クアナは、どんな環境であっても、酋長としての誇りを保ちながら行動を続けたのです。

やがて、最初はクアナを嫌っていた白人たちも、敬意を表し、親しみをこめてクアナの名を呼ぶようになりました。

クアナは、亡き母シンシアの実家も訪問し、母親の墓参りも果たしました。

先住民は、幼少の頃と成人してからは名前を変えるのが通例でしたが、クアナ・パーカーは、母親に尊敬の気持ちをこめて母が名付けた名前で一生を過ごしました。

クアナは、1911年に肺炎で亡くなりました。死の直前まで、酋長としての誇りを持った行動で、部族のために尽くしたのでした。

彼の死後、彼の偉業に敬意を表して、クァハディ・コマンチェ族では誰も酋長と名乗らなくなりました。

クアナは最後まで酋長としての誇りを保ち続け、人々に希望と光を与え続けました。クアナは、どんな逆境にあっても、その状況を嘆くことなく、つねに気高く、できることを力の限り行い続けた酋長でした。

私たちも生きている限りは、いくつもの逆境に遭遇します。

その時に、クアナのように常に志を高く持ち、「今」を全力で生きることができるでしょうか。

私たちは、普段から気高い生き方を選択しているでしょうか。

真我の達成のために、どんな逆境においても、任運騰騰の境地にいられるでしょうか。

「最も大切なことは、自分の使命、すなわち主イエスが私にお与えになった働きを全うすることです」(使徒言行録 20:24)

karmaṇaiva hi saṃsiddhim āsthitā janakādayaḥ
lokasaṃgraham evāpi saṃpaśyan kartum arhasi 3.20

「事実、ジャーナカ王(古代の王)達は、行動だけで完成に達した。汝は人々を導くためにも行動すべきである。(20)」

ジャーナカ王は、「ラーマーヤナ」の主人公であるシーターの父であり、ミティラー国(インドのビハール州の一部)の国王です。

国王は、王というだけでなく聖者でもあり、その自己犠牲的精神、誠実さ、献身的態度は人々の見本のような存在でした。国王は、あらゆる国民、首相や官僚から下層階級まで、そして僧侶や修行者たちからも理想の人とされていました。

国王は、カルマ・ヨーガを生涯献身的に行い、最高の境地に達していました。国王の無私の行動は、「人々を導く」ことにもなり、多くの人々に多大な影響を与えることになりました。

聖者ヴィヤーサが編纂した「シュリーマド・バーガヴァタム」にも、人は偉大な覚者の行動を見習うべきであり、それが解脱への道となることが記されています。

この聖典「バガヴァータム」には、クリシュナの力について多く書かれています。

「バ」は信愛（バクティ）、
「ガ」は叡智（グーニャ）、
「ヴァ」は放棄（ヴァイラギャ）、
「タ」は神聖な原理（タットワム）、
「ム」は解脱（ムクティ）
を表した聖なる言葉です。

つまり神の信愛と叡智を持って、低次の自我と欲望を放棄し、神聖な原理に従って解脱に至るための書という意味が込められています。

yadyad ācarati śreṣṭhas tattad evetaro janaḥ

sa yat pramāṇaṃ kurute lokas tad anuvartate 3.21

「偉人の行動に他の人々は従う。人々は偉人が示す手本に従う。(21)」

人々は、偉大なる人物の行動の中に理想を見て従います。人は、自分が手本とすべき人を求め、見つけたら、よく観察し、自分の行動の指針とします。

それは仏陀やキリストのような偉大な聖者だけでなく、各分野の専門家や、偉大な功績を残した人だけでなく、身近にいるどんな人でも理想の人となりうるものです。父や母が理想の人もいるでしょう。

ここで注意すべき点は、理想の人物を行動の指針とするというのは、その人物の模倣をすることではないということです。人は、一人ひとり個性も特性も違います。だから、完璧に模倣しても同じように成功するわけではありません。

手本にするとは、理想の人物の生き方をよく観察することによって、自分の中に新たな光を見つけるきっかけとするのです。

理想の人の生き方を観察して、自分の中に何か足りなかったもの、渇望していたものがあれば、そこを潤すための参考にするのです。理想の人をよく観察することで、自分では気が付かなかった心の中の渇きを見つけ、修正することができるのです。

チベットで何かを学ぶ時の心得として、次のような格言があります。

「師を犬のように扱えば、師の教えは犬の糞のようなものになり、師を友として扱えば、その教えはよきアドバイスとなる。さらに師を尊い者として扱えば、その教えは貴重な真理となる」。

私たちの意識次第で、師の教えの質が変わることを知っておいた方がよいでしょう。

私たちが一生懸命に自分の道を極めようと歩んでいる時、そこには人が追随してくるものです。特に、無私の精神で行動している時は、多くの人が賛同し、ついてきてくれるものです。

「ハチドリと山火事」という話があります。

ある森で山火事が発生しました。火はどんどん燃え拡がり、森に住む生き物たちは次々と避難を開始しました。

すると、とても小さな一羽のハチドリが、急いで麓の池に飛んでいき、口にいっぱいの水をふくんでから、山火事現場に向かい、ぴゅっと数滴の水を火にかけ始めたのです。

森の動物たちは、逃げながら笑いました。

「君みたいな小さな鳥が水をかけたって何の意味もないんだよ」

すると、ハチドリは言いました。

「私は自分でできる限りのことを精一杯やるんだ。ここは私たちの大切な森。私は自分に出来ることで守る！」

このハチドリの一生懸命な姿を見た大きな鳥たちは、やがてハチドリの真似をして、山火事現場に水を運び始めました。さらにはそれを見た動物たちも「森を守ろう」と賛同して水を運び始めたのです。

森に住んでいたたくさんの動物たちが一体になって水を運んだことで、森の山火事の被害は最小限に収めることができました。

ハチドリの口に含んだたった数滴の水が、大きな力のきっかけになったのです。

私たちの社会では、どれだけ大きな事を成し遂げたかが評価されがちですが、エネルギーの世界ではそうではありません。

エネルギーの世界、本質の世界では、事の大小に関わらず、
どれだけたくさんの愛情を注いだか、
どれだけしっかりと意識を集中したか、
どれだけ強い意志を持って臨んだかの方が大切なのです。

そちらの方が、見えない波動の世界では、大きく、良い形で拡がっていくのです。もしも、物質世界での拡がりがなかったとしても、無私の行動の影響は見えない世界ではしっかりと受け継がれていきます。

物質界では、小さな植物と大きな星では存在感がまったく違いますが、エネルギーの世界では、物質的な大きさに関わらずどちらもかけがえのない存在です。
億万長者が100万円寄付するのと、明日食べるものがないくらい貧しい人が千円寄付するのとでは、物質界での影響はまるで違います。でも、死を超えて持ち越していけるのは金額ではなく、その寄付への思いと動機の純粋性なのです。

アルジュナは、勇敢で理想的な戦士として有名な存在でした。その彼が、今、弓を投げ捨てて、戦場の真ん中ですべてを放棄しようとしています。

これは良い見本でしょうか、悪い見本でしょうか。どちらにしても、このアルジュナの行為はこれから先、多くの人が真似をするほどに影響があるのです。

もしもアルジュナが戦争を放棄したのであれば、100人兄弟に屈服することになります。それは、自分の中の善の部分を、邪悪な部分に支配されることを意味しています。

アルジュナは私たちの写し鏡です。私たち自身も、行動する限り、誰かの見本となります。今使命としてやるべき行為を放棄して、欲望のままに生きていたら、どんな見本になることでしょう。

私たちも霊的進化の道を歩み続ける時、いずれ指導的立場という役割を担うことになるはずです。その時には、自分を頼ってくる人に対して重大な責任を持つことになるのです。それは一朝一夕に確立されるものではなく、日々のたゆまぬ鍛錬によって培われていくものです。

今、この瞬間にも、人が見本とするような生き方をすることが、万人に求められているのです。

だから、今、この瞬間から知識を活かしながら生きていくことを心がけることです。

空海と最澄は、共に遣唐使で唐に渡ってから、帰国後も手紙のやり取りを行っていました。最澄は、空海に何度も経典の借用を願い出ていました。そしてこの時には最澄は、空海に「理趣釈経」という経典を貸してほしいと依頼していました。

それに対する空海の返信は次のようなものでした。

「妙薬、箱に満つれども、嘗めざれば、益無し。珍衣、櫃に満つれども、着ざれば、則ち寒し」。

どんなに良い薬がたくさんあっても、服用しなければ意味がない。どんなにすばらしい着物がたくさんあっても、着なければ寒いまま、という意味です。これは、「どんなにすばらしい経典を貸しても、頭で理解して実践を伴わなければ、何の意味もありません」という、お断りの手紙でした。

知識を日々の人生に活かすことを大切にしていた、空海らしい返答です。

na me pārthāsti kartavyaṃ triṣu lokeṣu kiṃcana
nānavāptam avāptavyaṃ varta eva ca karmaṇi 3.22

「プリターの子（アルジュナ）よ、三界には私がやり残したことは何もない。得ようとしてまだ得ていないものもない。それでも私は行動している。(22)」

至高の境地に達したクリシュナにとって、天界を含めた全宇宙において、やらなければならない行動は存在しません。創造神と一体である今、何一つ不足するものはなく、何かを得る必要もありません。

それでもなおクリシュナが行動するのは、人々に理想的な指針を示すためであり、「愛」そのものであるからです。

クリシュナは今までも、悪しき実体たちと何度も戦い、平和な時間にはフルートを演奏し、人々を歌い踊らせて、すべての人の見本として活動してきました。そして今、アルジュナの傍らにいてドュルヨーダナと交渉し、アルジュナの馬車に乗り、アルジュナを導いています。

ここでアルジュナのことを、「プリターの子」と呼んでいるのも、愛のある表現となっています。

仏教では、弥勒菩薩と地蔵菩薩と呼ばれる菩薩たちがいます。

弥勒菩薩は、釈迦大師の次に世界を導く仏陀となるために、肉体を纏ってこの地上におりてくる魂のことです。この世界に肉体を纏って現われた後に解脱して、多くの人々を救済するとされています。古代インドでは、マイトレーヤと呼ばれ、愛と慈悲から生まれた存在とされています。

地蔵菩薩は、釈迦大師の入滅から弥勒菩薩が再び現れるまでの時代の人々を救済するために地上に下りてくる、高次の魂のことです。地蔵とは、大地がすべての命を守り愛して育む力を蔵する「地蔵」の様子と、人々を愛と慈悲の心で包み込む様子を重ね合わせて名付けられたものです。一般的には、お地蔵様として人々に親しまれています。

見えない領域からの行動もあります。

「把手共行（はしゅきょうこう）」という言葉があります。

私たちは、どんな時でも一人ではなく、いつも自分のハートに宿る仏様と共に歩んでいるという意味があります。そして自分のハートの中で、すべての存在とも繋がっています。

一人に見えても、いつでもどこでも一緒。

もし愛する人がいるならば、その人と離れている時でも、心と心は強く繋がっています。そして、それと同じように、私たちはすべての存在と繋がっています。人生を歩んでいくとき、多くの存在の支えがあるからこそ、地上での使命を遂行していけるのです。

アルジュナには、クリシュナがついて支えてくれています。このアルジュナの姿は、今の私たち一人ひとりに言えることです。勇気ある行いや愛と信頼からの行動は、決して見逃されることなく、高次の存在に伝えられるものです。

「あなたがたに命じておいたすべてのことを守り行動するように教えよ。見よ、わたしは世の終りまで、いつもあなたがたと共にいる」(マタイによる福音書28:20)

yadi hy ahaṃ na varteyaṃ jātu karmaṇy atandritaḥ
mama vartmānuvartante manuṣyāḥ pārtha sarvaśaḥ 3.23

「アルジュナよ、私がたゆまず行動しなければ、人々はことごとく私に従い働かなくなるだろう。(23)」

ここでの「私」は、受肉したクリシュナから創造神までの広い範囲を意味しています。高次の存在の行動は、この世界だけでなくエネルギー世界に至るまで、とても大きな影響力を持っています。高次に達すれば達するほど、自由度が増すとともに責任はとても大きなものになっていきます。

すべての人は、目に見えないところで高次の恩恵を受けています。そして、その導きに気が付いたのであれば、さらに大きな恩恵を受けることが出来ます。

さらにもう一つ。

クリシュナは、ここでたゆまず行動していくことの大切さも述べています。神がたゆまず行動しているのに、人間が怠惰でいて神との合一が達成できるでしょうか？

もちろん、遊んではいけないというのではありません。イエス大師も安息日の大切さを強調しています。

発明家トーマス・エジソンは、電球を発明するまでにおよそ一万回失敗したそうです。でもエジソンは、それを決して「失敗」とは言いませんでした。

新聞記者に「一万回も失敗したそうですが、苦労しましたね」と言われた時に、エジソンは、「失敗ではない。うまくいかない方法を一万通り発見しただけだ。それがなければ最適なものは発見できないだろう」と述べています。

バスケットボールの神様と呼ばれたマイケル・ジョーダン。世界最高峰の優秀な選手たちの中でも、彼は得点王に10回も選ばれ、平均得点も歴代1位の偉業を成し遂げています。

でもバスケの神様は、はじめから優秀だったわけではありませんでした。彼は、試合で9000回以上シュートを外してしまい、300試合に敗れています。勝敗を決める大事なシュートの場面において、26回も外しています。

その後、ひたすら努力を続けた結果、最高の結果を残すことが出来たのです。

ケンタッキーフライドチキンの創業者カーネル・サンダース。彼は、何度も転職を繰り返した後に起業し、やはり上手くいかずに倒産を繰り返しました。唯一自慢の自分で開発したフライドチキンのレシピを他店に売り込むようになりますが、1009回も断られ続けています。

それでも彼はめげることなく、65歳の時に再び起業して現在の成功を収めて、夢を叶えています。

パラマハンサ・ヨガナンダ大師は、聖者とはどんな人かと弟子に問われて、「決してあきらめることなく神の道を歩み続けた者だ」と答えています。

宇宙には停滞状態というものはありません。私たちも成長するか、成長が停滞するかのどちらかになります。

utsīdeyur ime lokā na kuryāṃ karma ced aham

saṃkarasya ca kartā syām upahanyām imāḥ prajāḥ 3.24

「私が行動しなければ、全世界が滅ぶだろう。私は四姓制度を混

乱させ、人々を滅ぼすだろう。(24)」

星々の軌道は正確無比です。もしもほんのわずかにでも狂いがあれば、星は多大な影響を受けてしまい、生物たちが安定して住める環境はなくなります。

神は一瞬たりとも休むことなく法則として働いています。星が軌道に沿って動くのも、晴れるのも雷も、すべては神の法則の働きによるものです。

科学者たちが集まり、もしも地球が1秒間だけ自転を止めたらどうなるのかという研究を行ったことがあります。

たった1秒の停止で、赤道上にいる人には47Gの重力がかかり、全人類の85%が住む地域では爆風に晒される、特に赤道上では秒速465mという原子爆弾の爆風よりも激烈な風が襲うと計算されました。さらにそのまま自転が停止した場合、太陽に向いた側は灼熱となり、反対側は極寒となり、生物が住めないという科学的予測となりました。

神の法則は、宇宙のあらゆるところ、あらゆるレベルにおいて働いています。自転が止まるどころかわずかな誤作動すらなく正確無比に働き、そのおかげで自然界は調和が保たれていると言えます。

神の法則の働きがなければ世界は混沌に陥ってしまいます。特に地球は、人が霊的進化を遂げるために必要な、あらゆる環境や条件が完璧なまでに整っています。

人も自然界の営みに大きく影響を与えています。地球の気象は、人の集合意識の波が影響して形成されています。

人が、神の働きである優しさや愛のある思いを強く抱けば、気候の調和を創出します。

パラマハンサ・ヨガナンダ大師は、次のようなことを語っています。

「人間は、自然界の動きに影響を与えていますが、このことを自覚していません。地震や洪水などすべての自然災害は、人間の神から離れた集合意識が引き起こしているのです。

人の意識が霊的に眠っている状態では、自然界は荒れ狂ってしまいます。人間が霊的に目覚めれば目覚めるほど、自然界の調和が安定するようになるのです」。

空海も、「高野雑筆集」の中で同じようなことを記しています。

「災害は、私たちの行為の善悪に応じて起こるものである。私たちが皆善行をなしていれば風雨は季節に従い、悪行が多くなれば穀物が豊作になることはない。これは経典にはっきりと書かれている」。

「四姓制度を混乱させ」。

さまざまな精神階層からの魂が、共通の肉体という制服を纏って、繋がりを持ちながら活動していく地上では、一定の秩序が存在しています。それらの秩序を保つためにも、高次のサポートがあります。もしも精神的に未熟な人間だけですべてを行えば、整った秩序は破綻してしまうでしょう。

四姓（カースト）制度とは、インド特有の制度を示しているのではなく、社会的階級の象徴になります。

四つのカーストは、喩えてみれば神という体の各部位のようなものです。右手には右手の役割があり、頭には頭の役割があります。足で考えることも出来なければ、頭で走ることも出来ないし、目で食事をすることも出来ません。それぞれが各部位の役割をしっかりと担当することによって、一つの身体を理想的に機能させます。

狭い地上の視野で見れば四姓制度は不公平にも見えますが、長い輪廻転生の中では、各自がさまざまな役割を担い、霊性を進化させていく秩序だったシステムになっているのです。

「私が行動しなければ、全世界が滅ぶだろう」。

クリシュナ神とは違い、著しく制限されているものの、私たちの意識も同じことです。

クリシュナ神のように崇高な目的を持って行動することが、全世界への貢献になります。

もしも、怠惰に行動しないのであれば、やはり全世界を破滅へ導く手助けをしてしまうことになります。私たちには、神の子と言われる神聖な性質と同時に、動物的な欲望があり、自由意志でどちらでも選択できるからです。

「あなた方は宇宙意識：神の一部です。星、惑星、太陽、月と同様に、普遍意識の中に在る万物の一部です。あなた方は万物を治めるのですか、万物に治められるのですか。万物は、あなた方が使うために創造されたのです。創造主、神はそう意図しています。人は創造主の身体の血球であり、思いと行いにおいて、その共同創造者です」（エドガー・ケイシー 2794-1）

「あなたの最も重要な仕事は、自分自身の精神的な理想像を見極めることである」（エドガー・ケイシー 357-13）

saktāḥ karmaṇy avidvāṃso yathā kurvanti bhārata

kuryād vidvaṃs tathāsaktaś cikīrṣur lokasaṃgraham 3.25

「愚かな人々は行動に執着して行動する。そのように、賢者は多くの人々を導くために、執着なく行動すべきである。(25)」

無明にいる人たちは、行動する時に結果を期待します。それは私たちが普段から、行動の結果を「成功」と「失敗」という二択で判断することを習慣にしてしまっているからです。これが行動に執着することに繋がります。

でも結果を期待することは、喜びだけでなく苦悩も生み出してしまいます。結果は往々にして、人の期待通りにはいかないからです。

賢者は、行動する時に結果に執着していません。それが人々の見本となります。

「そのように、あなた方の光を人々の前で輝かせなさい。人々があなた方の立派な行動を見て、天の父を崇めるように導きなさい」(マタイによる福音書5:16)

多くの人は、意識を正しく使っていないことが多いようです。私たちは誰でも種子を植えることが出来ます。

まず理想を掲げて、目標を決めたら、種子を植えます。

そして直ちに顕在意識の利用を放棄するのです。顕在意識は、種子を植えた後にも、「難しいかもしれない」とか「ダメかもしれない」などと余計な心配をしてくれます。

さらに「成功したらお金持ちになる」とか「これで有名になれる」などの勝手な期待もしてくれます。でもそれらは、行動を実行していく上でなんの助けにもなりません。種をまくという行為がもたらす結果は、人智を超えたところで行われる複雑な要因によって決められるからです。

それゆえ、無心になって行動そのものに全力を注ぐことが大切になります。

「真理の種を蒔きなさい。ただし蒔いた種を何度もほじくり返さないように。その結果は、その成長は、神に任せることです」(エドガー・ケイシー 262-118)

人の来ないような山奥に咲く花は、人から褒められるために咲くわけではなく、金メダルやご褒美が欲しくて咲くわけでもありません。咲くこと自体が喜びであり、目的です。

自然界は、自我によって調和を乱すことがありません。

「スミレは、たとえ一度たりとも、人に見られることなく枯れ萎れようとも、その美しさ、その優雅さをその造り

主に捧げる」(エドガー・ケイシー 2559-1)

江戸時代後期の禅僧、良寛の詩に次のようなものがあります。

「花無心招蝶　蝶無心尋花　花開時蝶来　蝶来時花開（花は無心にして蝶を招き、蝶は無心にして花を尋ねる。花が開く時に蝶が来て、蝶が来る時に花が開く）」

花は蝶に花粉を運んでもらいます。蝶は花から蜜をもらいます。そのどちらにも下心はありません。花も蝶もどちらもエゴはなく、自然の摂理に従って働き、共生しているのです。

良寛は、この無私で執着のない自然界を、人のあるべき姿として詩を詠みました。

自然の調和を観察すると、私たちの不調和の主な理由のほとんどが利己的な欲望と執着によるものだということが理解できます。

昭和天皇の座右の銘は、「日月無私照（じつげつにししょうなし）」でした。これは孔子の「天無私覆、地無私載、日月無私照」からの言葉です。

天は分け隔てなくすべてを覆い、地は分け隔てなくすべてを載せ、太陽と月は分け隔てなくすべてを照らしている」という無私の心を説いたもので、「三つの無私」と言われています。昭和天皇の公平無私な生き方が、よく表されている言葉です。

na buddhibhedaṃ janayed ajñānāṃ karmasaṃginām
joṣayet sarvakarmāṇi vidvān yuktaḥ samācaran 3.26

「賢者は行動に執着する愚かな人々の心を惑わせてはならない。賢者は着実に行動することによって、愚か者達があらゆる行動に励むように導くべきである。(26)」

クリシュナは、今回の戦争においても、両軍の間に入り、戦いをしないで済むよう折衝に尽力し、交渉が決裂しても落胆することもありませんでした。そして公正に双方の希望通りに、クリシュナはアルジュナ側につく代わりに、相手側には自分の最強の軍隊を提供したのです。これらの行動には全く執着が見られません。

クリシュナは、これ以前の戦いに参加したときにも敗戦した経験があり、その時には生き延びるために逃亡を余儀なくされました。これはクリシュナが勝ち負けに一切執着せずに、常に人々に正しい行為を示していたからです。

もしも賢者が、無明の人々を惑わすような行為を行ったとすると、無明に在る人たちは自分で考えることなく、混乱し、間違った方向へと進んでしまう怖れが出てきます。そのため見本となる者は、一歩一歩わかりやすく無私の奉仕行動を自らが示すことによって、人々を良い方向へと導くべきなのです。

賢者は、結果を期待しないで行動に集中します。でも物質世界にすっかりはまっている人たちは、結果を期待して行動することに慣れ親しんでいます。

それをいきなり変えることは出来ません。したがって賢者は、自分の行動を通して、人々が理解できるペースで着実に一歩一歩見本を示していくしかありません。

「善を成すも、名に近づくことなかれ（善行を行っても、それに対する名誉や称賛を求めてはならない）」（養生主／荘子）

人は、聖者の奇跡的な所業を見て、真似しようとしてしまうことがあります。

それは意味がないだけでなく、有害な事象となってしまいます。聖者は低次の自己を滅して無私な行動を示しているのに対して、人は低次の自己を中心にして同じことをやりたがるからです。
見た目は同じ行動だとしても、本質が全く違います。

「シュリーマド・バーガヴァタム」には次のような記載があります。
「人はただ神の導きに従うべきであり、その行動を模倣してはいけない。神の導きはすべて人にとって有益であり、どんなに賢い人であってもその通りに行動すべきである。神の行動を模倣しようという気持ちが起こらないよう、警戒しなさい。シヴァ神の真似をして、人間が毒の海を飲み干そうなどと考えてはいけない」。
私たちは解脱していないうちから、毒を飲むことなどできないのです。

毒を飲むと言えば、毒を飲んだ聖者の話があります。インドの偉大なヨギであり、聖者として有名なトライランガ大師の逸話です。
この聖者は、巨大な身体を持つにもかかわらず、ほとんど食事をしませんでした。数々の奇跡を行い、年齢は280歳ほどと伝えられています。代々の村の長老たちが生まれる前からずっと変わらない姿でいるのです。そしていつも全裸。

街中を全裸で歩きまわるので、警察に逮捕されたこともありました。独房に入れられた聖者は、厳重に鍵をかけられていたにも関わらず、テレポテーションして散歩に出かけてしまいます。そして散歩から帰ってくると、独房の前で看守を待っているのでした。

この聖者には独房の意味が全くないとのことで、ベナレスの警察は、聖者が全裸で歩き回るのを黙認することにしたそうです。

ある日、トライランガ師が聖者だと信じない男が、毒物をヨーグルトに混ぜて差し入れに持ってきました。そして、「大師様、ヨーグルトを持って参りました。ぜひご賞味ください」と差し出しました。

大師は、それを受け取ると一気に飲み干しました。

すると、毒入りヨーグルトを差し出した男が、突然胸をかきむしりながら床に倒れてもがき苦しみだしたのです。

男は「助けてください、大師様。すみませんでした、私が悪かったです。どうかお許しください」と息絶え絶えに言いました。

トライランガ大師は、普段から沈黙を守っていましたが、この時ばかりは大きな声で「この馬鹿者！お前は自分の命が私の命と繋がっていることを知らずに、私に毒を飲ませようとした。もし私が神を知らなかったなら、お前に殺されていただろう。どうだ、これで自業自得の神聖な意味がわかったか？もう二度と人に悪いことをしてはいけない」と言って、男の体内の毒を消しました。

トライランガ大師は、毒を飲んだ他にも、ガンジス川の水面上に座っていたり、何時間も水中で過ごしたりと、人間では不可能な自然法則を超越した所業を演じることによって、神と一体化することの重要さを、身をもって人々に示しました。

クリシュナは、「着実に行動すること」と言います。

着実に行動するためには、覚えておくべき5つの点があります。

それは、

行動の動機が正しく在ること、
行動に関与する人や物を正しく識別すること、
適切な準備をすること、
心を込めて遂行すること、
結果に執着しないこと、です。

「あなたがたの光を人々の前に輝かせて、そして、人々があなたがたの善い行いを見て、天にいますあなたがたの父をあがめるようにしなさい」（マタイによる福音書5-16）

「他人の立場になって考えるよう心掛けなさい。霊的力の基礎はそこにあります。恵みと知識と理解の中で成長したければ、どの魂もこのような生き方に触発されるべきです」(エドガー・ケイシー 2936-2)

「多くの才能を与えられた人には、それだけ多くのことが求められるのです」(エドガー・ケイシー 262-72)

「誰に会った時でも「私の行いは開いた本のようです。誰でも自由に読めますし、誰でも出来ます」と胸を張って言えるようになりなさい。そのような行動は、精神的にも、肉体的にも、あなたを確立させるでしょう」(エドガー・ケイシー 1726-1)

prakṛteḥ kriyamāṇāni guṇaiḥ karmāṇi sarvaśaḥ
ahaṃkāravimūḍhātmā kartāham iti manyate 3.27

「あらゆる行動はプラクリティ（原物質）のグナ（要素）が行う。我欲に惑わされた者は「私が行為者である」と考える。(27)」

サーンキャ哲学によると、本当の「私」はプルシャとい

う精神原理であり、体や思考や感覚器官は物質原理であるプラクリティを構成する三つのグナから成り立つと説かれています。

それゆえ、物質世界でのあらゆる行動は、三つのグナによって行われていることになります。

すべての人間には、この三つのグナ（サットヴァ（純質）・ラジャス（激質）・タマス（鈍質））が各自独自の割合で存在しています。その三つのグナの力の均衡によって、特定の行為が起こるのです。

例えば、ギーターではさまざまな登場人物が自分の心の性質を表しています。サットヴァ・グナが優勢な部分はユディシティラとなりますし、ラジャス・グナが優勢な部分はドゥルヨーダナとなります。

ところが、無明にいる人たちには、グナ自体を認識することが出来ずに、行為の背景は自分の心が主体となっていると考えます。そうなると、成功したり、失敗するごとに一喜一憂することになります。

人が「私」という時、その認識は大きく分けて三つの層に分かれています。

最初の層は、最も表層の社会的な「私」。生きている地域や社会の文化や風習に大きく影響される部分です。服装や考え方や流行など、その土地と時代に合わせて目まぐるしく変化していきます。好き嫌いなどの本音も隠して、社会に合わせて生きている「私」です。

次の層は、本音で好き嫌いがあり、一番楽な素のままでいられる「私」です。少し意識レベルが深くなります。ほとんどすべての人は、この層が本当の私だと信じています。

最後の層は、物質原理を超えて、体や思考や感覚器官を超えた領域にある「私」です。

実はこの層が真実の「私」といえるのですが、物質中心の幻想（マーヤ）の世界ではこれを観照することが出来ません。

tattvavit tu mahābāho guṇakarmavibhāgayoḥ
guṇā guṇeṣu vartanta iti matvā na sajjate 3.28

「しかし、アルジュナよ、グナとカルマの性質を知る者は、感覚としてのグナ（肉体）がその対象としてのグナに働いているにすぎないと知って、（行動に）執着しない。(28)」

一方で、グナが行為の背後で働いていることを理解すれ

ば、成功でも失敗でもまるで試合を見ている観客であるかのように、行動とその結果に執着することがなくなります。
そうなれば、あらゆる行為を心穏やかに楽しみながら、自分の任務を遂行することができるようになります。

中国の「五家正宗賛（ごけしょうしゅうさん）」に「放下着（ほうげじゃく）」という禅語の話が収録されています。
ある時、趙州（じょうしゅう）和尚のところに、厳陽尊者という修行僧がやってきました。
厳陽尊者は、誇らしげな態度で、「私は、長い期間の修行によって、煩悩欲望を消し去り、本来の自己である仏性を体得し、執着をすべて消し去った境地に至りました。この先どのような修行を行えばよいのでしょうか」と、趙州和尚に尋ねます。
和尚は「放下着（一切の執着を捨て去りなさい）」と一喝します。
和尚は、厳陽尊者の心の中に執着を消し去ったことを誇示しようとする自我が残っていることを看破したのです。それでも厳陽尊者は、和尚の意図がわからず反論します。
「私はすでに何もかも捨て切り、何も所有しておりません。それでもなお、一体何を捨てろと言うのでしょうか」。
和尚は「捨てることが出来ないのであれば、その無一物を担いで去りなさい」と言います。

ここでようやく厳陽尊者は理解しました。禅では、最初の悟り（広義の意味）の後でも、その悟りをも消えるまでは解脱とは言えず、修業を終えることはありません。

それは「悟りの悟り臭きは、上悟りにあらず」という言葉で表現されています。

経典「アシュターヴァクラ・ギーター」の中でも同じような話があります。

ジャーナカ王はいつでもサマーディの状態に入ることが出来ました。

聖者アシュターヴァクラは、ジャーナカ王に尋ねました。

「あなたは真の自由を手に入れたのか？なぜそう言えるのだ？」

ジャーナカ王は答えます。「私は真の自由な状態にあります。いつでもサマーディに入り、自由の境地に到達できるからです」。

聖者アシュターヴァクラは、さらに問います。「サマーディが終わるとどうなるのだ？」

ジャーナカ王は答えます。「サマーディが終わると自由ではありません」。

聖者アシュターヴァクラはもう一度問います。

「真理が始まりと終わりに依存しているのであれば、永遠とは言えない。あなたが起きていても寝ていても、いかなる状態でも変わらない境地に在ってこそ、真の自由ではないか」。

「ヨーガ・スートラ」では、瞑想の段階的な境地であるサマーディを細かく分けています。

簡単に言うと、最初は物質対象について修めたサヴィタルカ・サマーディ、次いでより精妙な要素について修めたサヴィチャーラ・サマーディ、次にそれ自体の至福以外を対象にしないサアーナンダ・サマーディ、そして、意識のみとなるサアスミター・サマーディと段階的に進むとされています。

ここまでの4つがサムプラジュニャータ・サマーディ（有想三昧）です。

この次には心が完全に停止して印象のみとなるアサムプラジュニャータ・サマーディ（無想三昧）へと移行していきます。

さらにこの印象さえも完全に消え去る時、そこにはニルビージャ・サマーディ（無種子三昧）へ到達します。

「サマーディとは、瞑想そのものが形を失ったかのように消え去り、その対象が自ずから輝く時の状態である」（ヨーガ・スートラ第3章3）

prakṛter guṇasaṃmūḍhaḥ sajjante guṇakarmasu
tān akṛtsnavido mandān kṛtsnavin na vicālayet 3.29

「プラクリティのグナに惑わされた者は、グナの働きに執着する。完全な知識を持つ者は、不完全な知識を持つ凡人を動揺させてはならない。(29)」

私たちは普段、物質世界ばかりを見ています。目に見えない世界については、忘れてしまっています。

タマネギを例にすると、タマネギを形成するエネルギーをプルシャ、精神原理であり本当のタマネギの本体だとすると、タマネギの皮は物質原理であるプラクリティのグナで構成されています。

本体を観ようとグナであるタマネギの皮を一つずつ剝いでいくと、何もなくなってしまいます。それがタマネギの本体です。でも通常の人は、グナの部分をタマネギの本体だと信じています。

これは不完全な知識であり、ここから完全な知識へと移行するためには、大きな転換が必要となります。頭だけの知識ではなく、日々の行動によって大きく意識を変容させながら理解していくしかありません。

その理解度は人によってさまざまです。決して焦らせてはなりません。

サクラの花も時期になればきれいに開花しますが、それを冬に無理やり温室に入れて咲かせても、サクラの木自体にいいことは何もありません。

巷では、チャクラを開く方法や五感を超える特定のエネルギーポイントに関する技法など、様々な情報が出回っていますが、その背後にある最も大切なプロセスを無視して、無理に技法を推し進めることによって弊害が生じる可能性は、念頭においていただいた方がよいと思います。

地の法則だけに意識を囚われた人が、天の法則を理解できるようになるまでには、大きな意識の転換と経験が必要になります。

昔々、ある国に強大な力を持つ王様が住んでいました。ある日、王様が城下町を歩いていると、王様の素足に石ころや木の枝が当たり、王様は痛い思いをしました。

そこで王様は、自分や国民が何不自由なく快適に歩けるように、家来に世界中の道を柔らかい羊の皮で覆うよう命令しました。

ところが、そこに居合わせた聖者が笑いました。

「王よ、そんな馬鹿げた壮大な事業を本当にするおつもりか」。

王様は、自分の命令に異議を申し立てた聖者に怒りました。「では聖なる者よ、３日以内にもっとよい解決策を見つけよ。それが出来なければ、死刑に処す」。

３日後、聖者は裏を牛革、足を乗せる方を羊毛でできた靴を作り、王様の足に履かせました。「王よ、これを履けば、いかなる所に行っても王の足元は常に牛革で保護され、足は羊毛で快適です」。

王は、いままで自分を快適にするためには、世界を変えなければならないと固く信じていました。でも聖者は、王が世界を変えるのではなく、王自身を変えれば世界が変わることを示したのです。

mayi sarvāṇi karmāṇi saṃnyasyādhyātmacetasā
nirāśīr nirmamo bhūtvā yudhyasva vigatajvaraḥ 3.30

「すべての行動を私に捧げて、真我に意識を集中し、願望を持たず、私のものという意識を持たず、熱情を払って戦え。(30)」

崇高な理想を持つこと、神を求める心は、「バガヴァッド・

ギーター」でも繰り返されているように、何よりも重要です。私たちは我欲にまみれているうちは、制限されたとても小さな存在でしかありません。

でも、崇高な理想を掲げ、神を求める心を持ち、真我に意識を集中した時に、人はとても大きく輝く存在になることが出来ます。

私のものという意識は、利己的な意識です。その利己的な意識を滅することが大切なのです。

「すべての行動を私に捧げて、真我に意識を集中し、願望を持たず」。

この節は、マタイによる福音書第19章21節と似ています。

「もしあなたが完全になりたいと願うならば、あなたの持ち物を売り払い、貧しい人々に施しなさい。そうすれば、天に宝を持つようになろう。そして、私に従ってきなさい」。

このたった一節に出会い、人生を劇的に変えたのが、聖大アントニウスです。

聖大アントニウスは、251年ごろのエジプトで生まれ、両親ともに敬虔なキリスト教徒の裕福な家庭で育ちました。彼は、20歳の頃に両親と死別した時、教会に行きました。そこで、先ほどのマタイによる福音書の一節が聴こえたのです。

それを聴いた彼は、その聖書の言葉に従い、すべての財産を貧しい人たちに施し、自ら砂漠に籠って、神を求めて苦行生活を始めます。

ある時、彼が町に出て説法を行ったことがきっかけで、彼の修行場には同じ志を持った人が集まるようになりました。それがキリスト教の修道院の始まりとされています。聖大アントニウスが「修道士の父」と呼ばれているのは、このためです。

聖典のたった一節でも、これだけ人の心の深い部分に影響することが出来るという一例です。

「私のもの」という現代社会では当たり前の感覚は、執着から生まれる愛着やプライドと強い自我意識から生まれます。

「バガヴァッド・ギーター」で、盲目の王ドリタラーシュトラが息子たちの悪行愚行に加担して、一族を全滅に追いやったのは、「私のもの」という意識が強すぎたためです。

聖書のマルコによる福音書第12章29·30節には次のように表現されています。

「イエスは答えられた、「第一のいましめはこれである、「イスラエルよ、聞け。主なるわたしたちの神は、ただひとりの主である。心をつくし、精神をつくし、思いをつくし、力をつくして、主なるあなたの神を愛せよ」」。

空海による「理趣経開題」には、「まず福智の因を積んで、しかるのち、無上の果を感到せよ」と記されています。

これは、仏の教えを守って行動し、学ぶことを積み重ねていけば、自ずと悟りの境地へと到達する、という意味です。結果を期待して行動するのではなく、教えを忠実に学んでいくことの大切さを説いています。

「熱情を払って戦え」。

熱い心で低次の自己と戦う。それは外の世界の戦いではなく、内なる世界での戦いです。私たちには神から授かった優れた武器があります。エドガー・ケイシーはその武器について次のように述べています。

「義、真理、慈悲、裁き、正義を愛する心は、あなたが息をのむほどの武器です」（エドガー・ケイシー 1580-1）

「悪魔の策略に対抗して立ちうるために、神の武具で身を固めなさい。

私たちの戦いは、血肉に対するものではなく、もろもろの支配と権威と闇の世の主権者、また天上にいる悪の霊との戦いである。それゆえ、悪しき日にあたって、よく抵抗し、完全に勝ち抜いて、堅く立ちうるために、神の武具を身につけなさい。

すなわち、立って真理の帯を腰にしめ、正義の胸当を胸につけ、平和の福音の備えを足にはき、その上に、信仰の盾を手に取りなさい。それをもって、悪しき者の放つ火の矢を消すことができるであろう。また、救いの兜をかぶり、御霊の剣、すなわち、神の言を取りなさい」（エペソ人への手紙 6:11-17）

ye me matam idaṃ nityam anutiṣṭhanti mānavāḥ
śraddhāvantonasūyanto mucyante tepi karmabhiḥ 3.31

「信仰心に満ち、疑惑を抱かず、常に私のどの教えに従う人々も、行動から解放される。(31)」

クリシュナの教えとは、ヴェーダ全体の活きた智慧の精髄です。その神への一点の曇りもない信仰心に溢れて、教えを忠実に実行する人は、解脱に至ることを示しています。

ここで言う「私」はもちろん神のことを示していますが、それが天照大御神でもクリシュナでも、キリストでも、ラーマでも、ヤハウェでも、アッラーでも、グレートスピリットでも同じことです。それらの名前を、光を灯す電球に喩えれば、神の本体は電気そのものだからです。

神は言葉を超えた存在であり、世界中で無数の名前が付けられていますが、その本質は同じ一つの創造神に辿りつきます。

聖書にも同じ記述がみられます。

「イエスは自分を信じたユダヤ人たちに言われた、「もしわたしの言葉のうちに留まっているなら、あなたがたは本当にわたしの弟子である。あたながたは真理を知るであろう。そして真理は、あなたがたを自由にするであろう」。」(ヨハネによる福音書8:31-32)

「もしわたしたちが御霊によって生きるのなら、御霊によって進もうではないか」(ガラテア人への手紙5:25)

「あなたの道を主にゆだねよ。主を信頼せよ。主が成し遂げてくださる」(詩篇37:5)

「神への完全な帰依によってもサマーディは達成される」(ヨーガ・スートラ第1章23)

「神にすべてを任せることによって、サマーディは達成される」（ヨーガ・スートラ第2章45）

ye tv etad abhyasūyanto nānutiṣṭhanti me matam
sarvajñānavimūḍhāṃs tān viddhi naṣṭān acetasaḥ 3.32

「しかし、私の教えに不満を抱いて、これに従わない人々は、すべての知識について迷い、破滅する愚か者であることを知れ。(32)」

天啓によって与えられた智慧の精髄に不満を抱くということは、まだその魂に準備が出来ていないことを意味します。この場合には、さまざまな経験を通して、自ら幻想（マーヤ）の世界で苦しみ、怖れ、災いや病を通して学び直して、再び神の導きを願うようになっていくしかありません。

心の中に霊的な向上心が芽生えるまでは、欲望に支配されてしまい、混乱しか生み出せません。

空海は「秘蔵宝鑰」の中でそのような人の状態を、「自宝を知らず、狂迷を覚といえり」と記しています。

これは、自分に内在する宝を知らずに、外側の世界の真理でないものを真理だと勘違いしていることを意味しています。

「バガヴァッド・ギーター」の教えは、自分自身に内在する真我に向かう教えになります。それを理解できれば、思いも言葉も行動も自ずと宇宙意識である真我への方向に定まっていくはずです。

自分に内在する真我をおろそかにしたまま、神社仏閣巡りに膨大な時間を費やしたり、様々な自己啓発セミナーに通ったりしても、興味本位に外の世界だけに意識を向けて頭中心に生きることは、今の変容の時期にはとてももったいないことです。

人は、外側の世界での経験と内側の世界の状態を照らし合わせて内観することで、少しずつ学び、魂の進化が促されるのですが、多くの人の意識は外側の世界ばかりに焦点が向かい、偏り過ぎています。

sadṛśaṃ ceṣṭate svasyāḥ prakṛter jñānavān api
prakṛtiṃ yānti bhūtāni nigrahaḥ kiṃ kariṣyati 3.33

「賢者も自己の本性に従って行動する。万物はその本性に従う。制止して何になろうか。(33)」

賢者を含むすべての人が、自分独自の性質に従って行動します。自然界のすべての存在も、種独自の性質に従って存在しています。草食動物はいつも草を食べますし、桃の木は時期が来ると桃を実らせます。それが性質だからです。

それを他人が止めることはできません。

さらにこの節は、解脱への道も自然の摂理に沿って「起こる」ものであり、人為的な力や抑制など不自然なものは必要ないことをも示唆しています。

私たちの社会では、常に抑圧や目的意識を通して、何かを達成することばかりが教えられてきました。

でもそれらは、すべて自我によって達成するものばかりです。自我による修練は表面的なものであり、深いところに在る真我に到達することは出来ません。

霊性進化の道を妨げるものが現れたとき、抑圧という方法をとれば、その対象から離れることが困難になってしまいます。

真我に到達する方法は唯一、自然の摂理に沿うことです。

真我の本性である愛も、制止すれば破壊的な憎悪に変容しますが、自然の摂理に従えば創造的に開花していきます。

indriyasyendriyasyārthe rāgadveṣau vyavasthitau
tayor na vaśam āgacchhet tau hy asya paripanthinau 3.34

「感覚はその対象に愛着や嫌悪を感じるものである。この感覚を支配されてはいけない。これは人の敵である。(34)」

感覚器官は快感を好み、不快感を嫌います。

肉体的感覚器官を使って、物質的な尺度で物事を判断していると、好き嫌いに囚われていきます。そうなると行動に制限がかかり、行動に対する結果にも好き嫌いが付きまとうようになり、満足できない状態に陥ってしまいます。そして、感覚器官は動物的な使い方から抜けられなくなっていくのです。

動物的な喜びは快感であり、人間的な喜びは幸福となり、神聖な喜びは至福となります。

自我の欲望は、感覚器官を動物的に利用することを好みます。このような動物的な使い方を続けた場合、やがて感覚器官に支配されてしまいます。そしてそれは、解脱への大きな障壁となります。

śreyān svadharmo viguṇaḥ paradharmāt svanuṣṭhitāt
svadharme nidhanaṃ śreyaḥ paradharmo bhayāvahaḥ 3.35

「自己の任務を果たすことは、たとえ不完全であっても、他人の任務を行って成功するよりも優れている。自己の任務で死ぬことは幸いである。他人の任務は危険に満ちている。(35)」

人はそれぞれ独自の使命があり、それを遂行するための性質や特性をあらかじめ備えて地上に来ます。したがって、人は自分の任務を完全に遂行する必要があります。

誰もが、自分が遂行すべき働きを持っています。それを行う時には、完全に宇宙の摂理に沿っているはずであり、無心に一生懸命に遂行できるはずです。

ところが、他人が働くべき任務を代わりに行うことは、自我の欲求が出てしまうことになり、結果を期待して行動することになってしまいます。それはどこかで、宇宙の摂理に反する部分が出てくるはずです。

私たちは、それぞれ自分自身の保有する、負のカルマの解消を目指す必要があります。その最も近道となるのが、自分自身に与えられた働きを全力で行うことなのです。

他人の働きを行うことは、自分自身の任務を怠ることにつながるだけでなく、時に調和を乱すことにもなります。
例えば、新人戦のボクシングの試合で、もしも世界チャンピオンがレフリーを務めていたとしても、選手の代わりに相手選手を殴ったりはしません。そんなことをすれば、さまざまな負のカルマを増やすだけになってしまいます。

病気の治療においてもこの原則は当てはまります。
北米ショショーニ族とチェロキー族のふたつの部族のメディスンマンであったローリング・サンダーが次のように語っています。
「病気になるには必ず原因がある。人を治療するかどうかを決める時は、まずそれを考えなければならない。それを無視したら、その人間は将来大きな代償を払わなければならなくなるかもしれないからだ」。
これは、病気はその人に与えられた霊的課題であり、そこからその人自身が気付かなければならない問題があるということです。他人の霊的宿題をやってしまうと、その行為は一次しのぎにはなっても、決してその人のためにならないと喩えられるかもしれません。

身体においても、肝臓が腎臓の代わりはできないのです。それぞれ自分の担っている働きがあり、それを全うすることが何よりも求められているのです。

「カヌーに片足を入れて、もう一方の足をボートに入れる者は、川に落ちる」（北米先住民タスカローラ族の言葉）

arjuna uvāca
atha kena prayuktoyaṃ pāpaṃ carati pūruṣaḥ
anicchann api vārṣṇeya balād iva niyojitaḥ 3.36

アルジュナ
「では、クリシュナよ、人は何にそそのかされて不本意な罪を犯すのか。(36)」

なぜ本人の意に反して罪を犯してしまうことが起きるのでしょうか。
何が人をそうさせるのでしょうか。
霊性進化の道では、霊性を試されるような誘惑が何度も降りかかってきます。それは学校で言えば試験のようなものです。試験があることでさらに学業に一生懸命になれるように、そそのかされた時に正しい選択をして行動していくことによって、霊性が高まっていくのです。

人は、高くジャンプする時には、一度しっかりと屈みます。しっかりと屈まないと高くジャンプすることはできません。屈むことは空とは逆に地面に向かうことであり、反対方向に見えるかもしれませんが必要なことです。

そそのかされた時にも、それを跳ね返すことによって大きく成長する機会にすることが出来ます。ただし、それを跳ね返さずに屈すれば、不本意な罪となってしまいます。

「誘惑するだけの価値がある人は、それだけ栄冠にも値するということです」(エドガー・ケイシー 279-12)

śrībhagavān uvāca
kāma eṣa krodha eṣa rajoguṇasamudbhavaḥ
mahāśano mahāpāpmā viddhy enam iha vairiṇam 3.37

スリー・クリシュナ
「それはラジャスというグナから生まれた欲望であり、怒りである。これは強欲、極悪で、この世の敵であると知れ。(37)」

ラジャスの性質は、激性・動性です。純粋なラジャスの働きは、植物の一生の中や動物の単純な動きの中に観るこ

とが出来ます。

人はラジャスを過剰に強めることも出来ますが、ラジャスのバランスが強まると、自我が強くなり、欲望のままに感情に揺られやすくなり、怒りや嫉妬や恨みなどの感情が出やすくなります。この過剰な怒りと貪欲さは、霊性進化の道を歩む人にとって強い敵となります。

「すぐに怒らない者は大いなる悟りがあり、気の短い者は愚かさをあらわす」（箴言 14:29）

「怒りそのものは尊い資質です。しかし、抑制されない怒りは、人生と生きる目的さえも滅ぼしてしまいます。」（エドガー・ケイシー 1233-1）

「怒りは、どんな病気とも同じく、脳を破壊することさえあります。それ自体が心の病ですから」（エドガー・ケイシー 3510-1）

dhūmenāvriyate vanhir yathādarśo malena ca
yatholbenāvṛto garbhas tathā tenedam āvṛtam 3.38

「火が煙に覆われ、鏡が挨に覆われ、胎児が羊膜に覆われるよう

に、この世はそれ（欲望と怒り）に覆われている。(38)」

人が真理を正しく観ることが出来れば、怒りや貪欲がはびこることはないはずです。でも、地上では火が煙に覆われるように、鏡が埃で覆われるように、胎児が羊膜に包まれているように、真理が覆い隠されて見えないのです。

これらの三つの喩えは、覆い隠す理由も各々全く違ったものになっています。これは真理が覆い隠される理由は、千差万別であることを示しています。

火が煙に覆われていると、火は見えません。火は、光がなくても自らが輝いているので本来は見えるはずなのです。真実の火を見たことがない人であれば、煙が実在する火だと勘違いしてしまいます。

鏡が埃に覆われていれば、自分の姿は見ることが出来ず、埃だけが見えます。いくら自分の姿を見たくても、埃しか見えないでしょう。

本来は、火は不純なものを焼き尽くして浄化することが出来るはずです。鏡も正しい姿を見ることが出来るはずです。ところが欲望があると、正しく機能することが出来ません。ではラジャスがなくなれば、怒りや貪欲は消えるのでしょうか。

胎児にとって、羊膜内の羊水は健やかな成長に必須です。それと同じようにラジャスも霊性の成長には必要不可欠な性質です。

ラジャスを正しく利用して、貪欲と怒りを起こさなければいいのです。正しく利用するならば、純粋な願望と情熱だけが残るはずです。

怒りと貪欲という煙と埃を取り除くならば、曇りのない目で世界を見ることが出来るでしょう。

また胎児の例は、胎児が赤ちゃんとして見られるようになるまでには、時間を要するという意味が含まれています。願望だけでは、すぐに解決するわけではなく、忍耐が要求されるのです。つまり、怒りと貪欲さを克服するためには、忍耐が不可欠なのです。

煙は、風によって吹き飛ばすことができます。風とは、新しい習慣、新鮮な考え、心機一転など風の元素を意識した行動となります。

埃は、水で地道に洗い流せば綺麗に取れます。水とは、持続したたゆまぬ実践、心の浄化を意識した行動となります。

羊膜は、時が経てば、赤ちゃんが生まれてきて見ることができます。これは時間の中で忍耐を養うことを意味しています。これは地の元素を意識した行動となります。

そして最後に火の元素によって、焼き尽くしてしまうのです。

つまり、欲望と怒りに覆われた状態は、五大元素を上手く使い、バランスをとることによって取り払うことが出来るということを示しています。なぜならば、すべての欲望は、五大元素の歪みが原因だからです。

āvṛtaṃ jñānam etena jñānino nityavairiṇā

kāmarupeṇa kaunteya duṣpūreṇānalena ca 3.39

「知識はこの飽くなき欲望の火に覆われている。アルジュナよ、これは賢者の永遠の敵である。(39)」

欲望の火は常に燃え続けていて、その火に捧げられたどんなものを焼き尽くしても満足することはありません。さらに多くの焚くものを要求してくることになります。つまり欲望は際限がないということです。際限のない欲望は、悲しみや苦しみの原因になります。

アルジュナたちパーンダヴァ兄弟の敵となったカウラヴァ兄弟たちは、欲望の火を大きくして、絶えず貪欲と怒りと嫉妬が渦巻いていました。

アルジュナたちを毒殺しようとしたり、家を放火したり、いかさま賭博ですべてを奪ったりと、数多くの残酷なことばかりしてきました。アルジュナは、この欲望の火がいかに強敵であるか、さまざまな体験からよく理解してきたのです。

欲望の火にどんどん焚くものがくべられると、火はどんどん大きくなり、それによって知識は隠されてしまい、最終的には自分の身まで焼き尽くしてしまいます。

叙事詩「ラーマーヤナ」が貪欲と怒りがいかに危険なものなのかを示しているのに対して、「バガヴァッド・ギーター」では貪欲と怒りがいかに破滅をもたらすかが示されています。

どんなに徳を積み重ねてきても、激しい怒りや貪欲な行為は、簡単に人を破滅へと向かわせてしまいます。

賢者は、この欲望の火には何も焚くものを与えずに、火を小さくしていきます。この火は、解脱するまで消火されることはなく、賢者の永遠の敵とみなされます。いかなる賢者であっても、この火に魅せられてしまう怖れはあるからです。

欲望の火が小さくなればなるほど、心の修行は進歩することになります。

「無知、我想、執着、憎悪、生命欲が、五つの障害である」（ヨーガ・スートラ第２章３節）

indriyāṇi mano buddhir asyādhiṣṭhānam ucyate
etair vimohayaty eṣa jñānam āvṛtya dehinam 3.40

「感覚と心と知性は、その居所であると言われる。それは知恵を覆って、人を惑わす。(40)」

地上世界は感覚を喜ばせるもので溢れています。感覚的な快楽は、はかなく移ろいやすいものです。

多くの生き物たちは、特定の感覚器官が優勢になっています。ウサギは聴覚が優れていますが、喧騒の中ではすぐに捕えられてしまいます。蛾は夜になると視覚によって光に集まるため、簡単に集められます。熊は嗅覚が優れているので、美味しい匂いにつられておびき寄せられてしまいます。魚も釣りの餌にまっすぐに食いついて、釣られてしまいます。

このように動物たちも一つの感覚器官に夢中になれば、生きるための智慧さえ覆い隠されてしまうのです。

ところが、人は五つの感覚器官すべての魅力に囚われてしまいます。

眼、耳、鼻、舌、皮膚の五感から意志を使って取り入れた感覚は、その情報を心に伝え、それを知性が処理します。この経路のすべてに欲望は働きかけます。

それによって智慧は覆い隠されてしまいます。

tasmāt tvam indriyāṇy ādau niyamya bharatarṣabha
pāpmānaṃ prajahi hy enaṃ jñānavijñānanāśanam 3.41

「だから、バラタの最も優れた子孫アルジュナよ、まず感覚を支配し、知識（理論知）と自己実現（悟り：実践知）を破壊しようとする罪深い者を殺せ。(41)」

解脱への道を進む者にとって最優先となるのは、感覚器

官を制御することによって、欲望の奴隷となることなく、欲望を支配することです。

ここでいう「知識（理論知）」とは、サンスクリット語で「jnana ジニャーナ」。これは、真の自己と自己ではないものを識別する知識のことを指しています。聖典や師を通して理論的に学んだ知識、またはそこから直感で得たものになります。

感覚の節度を守るためには、何が真の自己で、何が真の自己ではないかを見極めることが大切です。これを正しく見極めることによって、霊性進化の道の途中で迷うことがなくなるからです。

「自己実現（悟り：実践知）」とは、サンスクリット語で「vijinana ヴィジニャーナ」。これは知識（理論知）によって学んだ真我などについて、さらに自らの実践で経験することをいいます。

indriyāṇi parāṇy āhur indriyebhyaḥ paraṃ manaḥ
manasas tu parā buddhir yo buddheḥ paratas tu saḥ 3.42

「感覚は肉体よりも勝れていると言われる。心は感覚よりも勝れて

いる。知性は心よりも勝れている。知性よりも勝れているものがアートマンである。(42)」

この節は「カタ・ウパニシャッド」(3-10) とほぼ同じことが記されています。

「感覚を満足させる対象は、感覚よりも優れているが、心はその対象よりも優れている。知性は心よりも優れている。偉大なアートマンは知性よりも優れている。心が常に真我への道に沿って行動しているのであれば、感覚が間違った道に外れることはない」。

つまり、感覚器官の制御は、まだ基礎的な事項であることが示されています。

欲望に打ち勝つには、感覚器官を制御し、心を強く清らかに持ち、知性を真我だけに向かわせ、最終的にアートマンを自覚する段階まで到達する必要があります。

感覚器官を制御している人は優れた人と認識されます。

感覚を満足させるためには、肉体を使いますが、それは心が命じています。そして心は、知性が決めたことを実行しています。

そのため、知性をいつでも神に向かわせておきさえすれば、心はそれに従い、感覚器官はそれに従います。すると肉体的な行動が欲望の奴隷になることはなくなります。

低次の心によって生きる場合には、欲望を追い求めることによって動物以下の存在になり、やがては破滅していくことになるでしょう。

知性を中心に、いつでも真我の方を向いて生きる場合には、欲望に振り回されることはなく、神に近づく存在になっていくことでしょう。

evaṃ buddheḥ paraṃ buddhvā saṃstabhyātmānam
ātmanā jahi śatruṃ mahābāho kāmarūpaṃ durāsadam 3.43

「このように、真我は知性よりも勝れていることを知り、大我で小我を抑え、勇士アルジュナよ、欲望という姿をした難敵を殺せ。(43)」

「真我は知性よりも勝れていることを知り」。

究極の存在である真我を常に意識していれば、その周りにあるものに心奪われることはありません。真我の美と至福をゴールとして目指していれば、物質世界のはかなく刹那的な喜びには目もくれなくなるはずです。

「大我で小我を抑え」。

大我は大欲・無欲を持ち、小我は小欲を持ちます。

物質的な欲（小欲）は、精神的な欲・無私の欲（大欲）を使いこなすための疑似体験になっています。

心を静謐に保つと、大我が現れてきます。それは雲（小我）に覆われた空が、晴れ渡り、雲のない限りなく広い空になった状態に喩えられます。

雲に覆われた空しか見たことがなければ、雲が空のすべてだと勘違いします。でもその遥か上には、無限の空と宇宙が拡がっています。

「真理とはなんでしょう。心の奥深くに在り、聖なる魂とその目的に目覚めさせるものが真理です。真理は、体と心と霊のすべての活動においても、神の存在を意識させます。それは魂の成長になります」（エドガー・ケイシー262-81）

「霊的な理想を持ちなさい。心と物質の理想は、その結果であるべきです。不滅の力を理想とするのです。そうすれば、どんな困難に出会っても理想を実現できます」（エ

ドガー・ケイシー2284-1）

人は、誰でも深い意識の中で自分自身を愛しています。すべての行動は、真我を愛するために行われるはずなのです。

ところが、物質世界における物質至上主義によって自分は肉体であるという思い込みが生まれ、真我を愛する清らかな愛は穢されていき、我欲や執着へと変わってしまいます。

私たちは誰もが、肉体的な死を迎えます。150年前に地球にいた人たちは、今では皆死んでいます。200年後には今地球にいる人たちは、誰も生きてはいないはずです。

ところが、それを理解していても、人は身近な人が死ぬと悲しみます。人によっては、激しく悲しむあまり、その後の人生を悲しみの中で生き続ける人もいます。

人は死んでも生まれ変わるという輪廻転生が、これだけ一般的に信じられている日本でも、死の悲しみは強いものです。時には、危篤状態で意識がない人に対しても、人工呼吸装置をつけて死なせないようにしようとします。

それは、人が肉体のことばかりを考えて真の自己を知らないためであり、肉体に執着している影響が強いからです。

釈迦大師の元に、天下一の美女と名高いシリマーという女性が弟子入りしました。一部の弟子たちはシリマーの外見の美しさに魅了されていきました。彼女が近くにくるたびに、弟子たちは見惚れてしまいました。

ところが、ある日シリマーは修行中に病に倒れました。シリマーは師に次のように言いました。

「私は、見た目の美しさから傲慢になっておりました。自分もまわりの人々も、見た目の美しさに惑わされてしまっていました。こんな私でも、歳をとり外見が醜くなっていけば、皆が物質的な美のむなしさに気づいてくれるのかもしれません。

でもその願いもむなしく、私は病に倒れ、もう長くは生きることができません。師よ、どうか御知恵を貸してください」。

それから間もなくして、彼女は美しさを保ったまま、息を引き取りました。

釈迦大師は、シリマーの遺体を火葬することなく外に置いておきました。死んでもなお美しいシリマーを見物するために、多くの人々が毎日やってきました。

ところが、時間の経過とともに遺体は腐敗しはじめ、悪臭が立ち上り、やがてウジ虫が湧き始めました。

釈迦大師は、シリマーの遺体の前に人々を集めました。

「皆、よく観なさい。ここにいるのは皆が憧れていたシリマーの肉体だ。まだ美しいままなのか？この姿でも憧れつづけるのか？」

人々はそれ以降、どんなに美しい外見の女性を見ても、シリマーのことを思い出して、惑わされることはなくなりました。

このように、人の肉体の美しさはやがて失われていきます。誰一人、例外はありません。

それを理解しながらも、物質的な魅力に引き付けられてしまうのが人間です。釈迦大師の弟子になった人でさえ、そうだったのですから。

でも、物質世界では、すべての人も、すべての生き物も、そしてすべての物も、その見た目の美しさは一過性のものです。

幸福や喜びも同じです。物質世界での幸福や喜びは永遠には続きません。それは感覚器官が感覚的喜びを引き出す対象に触れて味わっているものだからです。

「外側の世界を作るエネルギーが織りなす刹那的な美しさに囚われている者は、至高の存在の元に帰るという人の真の目的を忘れてしまう」（シュリーマド・バーガヴァタム 7 編第 5 章 30-31 節）

「人は外見の顔かたちを見、主は心を見る」（サムエル記上 16-7）

永遠に美しいもの、永遠に至福であるものは、真我しかありません。
それは真我自体が、美であり至福であるからです。

―第４章につづく―

参考文献

「The Bhagavad Gita God Talks With Arjuna」
Paramahansa Yogananda 著 Self-Realization Fellowshp 刊
「神の詩」(サティヤ・サイババ著 / 中央アート出版刊)
「バガヴァッド・ギーター」(熊澤教眞訳 / きれい・ねっと刊)
「バガヴァタ・バヒニ」
(サティヤ・サイババ著 / サティヤ・サイ・オーガニゼーションジャパン刊)
「ヨーガ・ヴァーシシュタ」
(スワミ・ヴェンカテーシャナンダ著 / ナチュラルスピリット刊)
「ヴェーダの補助学　音声学」(ムニンドラ・パンダ著 / アートインターナショナル刊)
「インテグラル・ヨーガ」(スワミ・サッチダーナンダ著 / めるくまーる刊)
「バガヴァッド・ギーターの世界―ヒンドゥー教の救済」
(上村勝彦著 / ちくま学芸文庫刊)
「科学で解くバガヴァッド・ギーター」
(スワミ・ヴィラジェシュワラ著 / 木村慧心訳・たま出版刊)
「バガヴァッド・ギーター あるがままの詩」
(A・C・バクティヴェーダンタ・スワミ・プラブパーダ著)
「バガヴァッド・ギーター」
(バクティヴェーダンタ・スワミ・プラブパーダ著 / バクティヴェーダンタ出版刊)
「バガヴァッド・ギーター詳解」(藤田晃著 / 東方出版刊)
「ダットレーヤによるアヴァドゥータ・ギーター」
(日本ヴェーダーンタ協会)
「ギーターとブラフマン」(真下尊吉著 / 東方出版刊)

「聖なる科学―真理の科学的解説」
　(スワミ・スリ・ユクテスワ著 /Self-Realization Fellowshp 刊)
「インド神話物語 マハーバーラタ (上下)」
　(デーヴァダッタ・パトナーヤク著 / 原書房刊)
「あるヨギの自叙伝」
　(パラマハンサ・ヨガナンダ著 /Self-Realization Fellowshp 刊)
「知恵の宝庫」(林陽著 / 中央アート出版刊)
「インドの聖典」
　(ムニンドラ・パンダ著 / (有) アートインターナショナル社刊)
「ネイティブアメリカン幸せを呼ぶ魔法の言葉」
　(ケント・ナーバーン著 / 日本文芸社刊)
「ディヤーナ　ヴァーヒニー」
　(サティヤ・サイババ著 / サティヤサイ出版協会刊)
「君が代から神が代へ」上下巻 (森井啓二著 / きれい・ねっと刊)
「宇宙深奥からの秘密の周波数「君が代」」(森井啓二著 / ヒカルランド刊)
「光の魂たち 動物編 人の霊性進化を助ける動物たち」
　(森井啓二著 / きれい・ねっと刊)
「光の魂たち 植物編 人の霊性進化を見守る植物たち」
　(森井啓二著 / きれい・ねっと刊)
「臨床家のためのホメオパシーノート 基礎編」
　(森井啓二著 / ナナ・コーポレート・コミュニケーション出版刊)
「エドガー・ケイシーリーディング」
　(NPO 法人日本エドガー・ケイシーセンター　https://edgarcayce.jp/)

Detailed Explanations of Bhagavad Gita

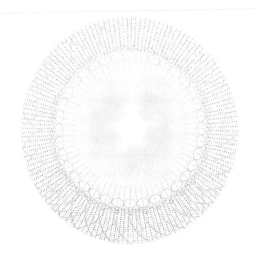

森井 啓二（もりい けいじ）

専門は動物の統合診療医 & 外科医。東京生まれ。北海道大学大学院獣医学研究科卒業後、オーストラリア各地の動物病院で研修。1980 年代後半から動物病院院長として統合医療を開始。趣味は瞑想、ヨガ、山籠り、油絵を描くこと。自然が大好き。40年前にクリヤヨギたちと会う。クリヤヨガ実践。

著書に『新・臨床家のためのホメオパシー　マテリアメディカ』『宇宙深奥からの秘密の周波数　君が代』『君が代から神が代へ』『光の魂たち動物編』『光の魂たち植物編』など。

ブログ：ひかたま（光の魂たち）
http://shindenforest.blog.jp/

Twitter
https://twitter.com/keijimoriiVet

Instagram
https://www.instagram.com/pipparokopia/

この星の未来を創る一冊を

きれい・ねっと

精解

神の詩

聖典バガヴァッド・ギーター

3

2021年8月22日　初版発行

著者　森井啓二
発行人　山内尚子
発行　株式会社 きれい・ねっと
〒670-0904　兵庫県姫路市塩町91
TEL：079-285-2215 / FAX：079-222-3866
https://kilei.net/

発売元　株式会社 星雲社（共同出版社・流通責任出版社）
〒112-0005　東京都文京区水道1-3-30
TEL：03-3868-3275 / FAX：03-3868-6588

曼荼羅　ジェイコブス彰子
デザイン　eastgraphy

ISBN978-4-434-29449-5